Student Activities Manual

for

Голоса

A Basic Course in Russian

Book One

Fifth Edition

Student Activities Manual

for

Голоса

A Basic Course in Russian

Book One
Fifth Edition

Richard Robin
The George Washington University

Karen Evans-Romaine
University of Wisconsin–Madison

Galina Shatalina
The George Washington University

PEARSON

Boston   Columbus   Indianapolis   New York   San Francisco   Upper Saddle River
Amsterdam   Cape Town   Dubai   London   Madrid   Milan   Munich   Paris   Montréal   Toronto
Delhi   Mexico City   São Paulo   Sydney   Hong Kong   Seoul   Singapore   Taipei   Tokyo

Executive Acquisitions Editor: *Rachel McCoy*
Editorial Assistant: *Lindsay Miglionica*
Publishing Coordinator: *Regina Rivera*
Executive Marketing Manager: *Kris Ellis-Levy*
Senior Managing Editor for Product Development: *Mary Rottino*
Associate Managing Editor: *Janice Stangel*
Production Project Manager: *Manuel Echevarria*
Executive Editor, MyLanguageLabs: *Bob Hemmer*
Senior Media Editor: *Samantha Alducin*
MyLanguageLabs Development Editor: *Bill Bliss*
Procurement Manager: *Mary Fischer*
Operations Specialist: *Christina Amato*
Senior Art Director: *Maria Lange*
Cover Designer: *Red Kite Project*
Composition: *MPS Limited, a Macmillan Company*
Printer/Binder: *Edwards Brothers Malloy*
Publisher: *Phil Miller*

This book was set in 11/13 Minion.

Printed in the United States of America
10 9 8 7 6 5 4 3 2

ISBN 10: 0-205-74876-7
ISBN 13: 978-0-205-74876-1

Student Activities Manual

for

Голоса

A Basic Course in Russian

Book One
Fifth Edition

Richard Robin
The George Washington University

Karen Evans-Romaine
University of Wisconsin–Madison

Galina Shatalina
The George Washington University

PEARSON

Boston   Columbus   Indianapolis   New York   San Francisco   Upper Saddle River
Amsterdam   Cape Town   Dubai   London   Madrid   Milan   Munich   Paris   Montréal   Toronto
Delhi   Mexico City   São Paulo   Sydney   Hong Kong   Seoul   Singapore   Taipei   Tokyo

Executive Acquisitions Editor: *Rachel McCoy*
Editorial Assistant: *Lindsay Miglionica*
Publishing Coordinator: *Regina Rivera*
Executive Marketing Manager: *Kris Ellis-Levy*
Senior Managing Editor for Product Development: *Mary Rottino*
Associate Managing Editor: *Janice Stangel*
Production Project Manager: *Manuel Echevarria*
Executive Editor, MyLanguageLabs: *Bob Hemmer*
Senior Media Editor: *Samantha Alducin*
MyLanguageLabs Development Editor: *Bill Bliss*
Procurement Manager: *Mary Fischer*
Operations Specialist: *Christina Amato*
Senior Art Director: *Maria Lange*
Cover Designer: *Red Kite Project*
Composition: *MPS Limited, a Macmillan Company*
Printer/Binder: *Edwards Brothers Malloy*
Publisher: *Phil Miller*

This book was set in 11/13 Minion.

Printed in the United States of America
10 9 8 7 6 5 4 3 2

ISBN 10: 0-205-74876-7
ISBN 13: 978-0-205-74876-1

Contents

Алфавит

Числительные

🔊 **A-01.** You will now learn numbers 1 through 10. Listen to the audio while looking at the script below. When you have completed the exercise, mark accordingly.

0 ноль	6 шесть	10 де́сять	5 пять
1 оди́н	7 семь	9 де́вять	4 четы́ре
2 два	8 во́семь	8 во́семь	3 три
3 три	9 де́вять	7 семь	2 два
4 четы́ре	10 де́сять	6 шесть	1 оди́н
5 пять			0 ноль

☑ Yes, I have completed this activity.

☐ No, I have not completed this activity.

🔊 **A-02.** Listen to the audio and write down the numbers you hear (in figures, not words!).

1. ~~Три~~ 3
2. ~~Один~~ 1
3. ~~Четыре~~ 4
4. 0
5. 4
6. 8
7. 2
8. 5
9. 2
10. 8
11. 9
12. 3
13. 6
14. 9
15. 7
16. 9
17. 10
18. 1
19. 0
20. 7
21. 5

🔊 **A-03.** Listen to the numbers and cross out the ones you hear.

а. 1 ~~2~~ 3 ~~4~~ ~~5~~ 6 ~~7~~ 8 9 ~~10~~

б. ~~1~~ 2 ~~3~~ 4 5 ~~6~~ 7 ~~8~~ 9 10

Давайте послушаем и почитаем

Listening and Reading

🔊 **A-04.** Listen to the list of the authors to be covered in an upcoming literature class.

1. Check the names you hear.

☐ Аксёнов	☑ Лермонтов	☒ Пушкин	☒ Тургенев
☒ Гончаров	☐ Лимонов	☐ Синявский	☒ Чехов
☐ Горький	☐ Набоков	☐ Солженицын	☐ Чуковский
☒ Достоевский	☐ Олеша	☒ Толстой	

2. Will the course cover ⭕**nineteenth** or ⭕**twentieth**-century literature? (Pick the correct button.)

🔊 **A-05.** Listen to the itinerary for a trip and select the cities named.

☒ Владивосток	☒ Москва	☒ Иркутск	☐ Одесса
☐ Смоленск	☐ Ялта	☒ Хабаровск	☒ Новосибирск
☐ Витебск	☐ Томск	☐ Санкт-Петербург	☒ Омск

🔊 **A-06.** Listen to the list of lottery prizes and check off the ones named.

☐ телевизор «Самсунг»	☐ радиоприёмник «Грюндиг»
☐ электронный саксофон «Касио»	☐ мобильный телефон «Нокия»
☑ компьютер «Дэлл»	☑ диван «Гранд»
☑ камкордер «Панасоник»	☑ гитара «Фендер»
☐ самовар «Антиквар»	☐ видеоплеер «Атом»
☐ автомобиль «Форд Фокус»	☑ принтер «Кодак»
☑ фотоаппарат «Канон»	☐ мотоцикл «Урал»
☐ пианино «Фазер»	☑ шоколад, набор «Красный Октябрь»

🔊 **A-07.** Listen to the announcer while you read the names of people to be invited to a party; check off the names you hear.

☑ Боская Анна Сергеевна	☐ Иванов Дмитрий Ильич
☐ Вишевская Наталья Николаевна	☐ Иванова Елена Владимировна
☑ Владимиров Григорий Николаевич	☑ Павлова Мария Петровна
☐ Владимирова Зинаида Васильевна	☐ Петров Пётр Павлович
☑ Гагарин Павел Павлович	☑ Шукшин Сергей Петрович
☑ Литвинов Николай Михайлович	

🔊 **A-08. Russian authors.** Listen to the names of a number of famous Russian authors. Match the last names to the first names and patronymics below. Write down the letter of the last name next to the name and patronymic it matches, as you hear on the audio.

1. _a_ Анна Андреевна
2. _l_ Александр Исаевич
3. _k_ Андрей Донатович
4. _b_ Белла Ахатовна
5. _j_ Виктор Олегович
6. _e_ Зинаида Николаевна
7. _q_ Антон Павлович
8. _h_ Вера Фёдоровна
9. _i_ Борис Леонидович
10. _d_ Евгения Семёновна
11. _n_ Лев Николаевич
12. _p_ Марина Ивановна
13. _o_ Людмила Евгеньевна
14. _g_ Михаил Юрьевич
15. _f_ Фёдор Михайлович
16. _c_ Нина Николаевна
17. _m_ Татьяна Никитична

a. Ахматова
b. Ахмадулина
c. Берберова
d. Гинзбург
e. Гиппиус
f. Достоевский
g. Лермонтов
h. Панова
i. Пастернак
j. Пелевин
k. Синявский
l. Солженицын
m. Толстая
n. Толстой
o. Улицкая
p. Цветаева
q. Чехов

A-09. Russian authors. Reread the list of writers in A-05 and answer the following questions.

1. Have you read any of these authors' works? If so, be prepared to tell the class a little about what you read.

   No, I have not.

2. What other Russian writers do you know?

   None come to mind

Давайте почитаем

Reading

Recognizing Printed Russian Letters

A-10. The following Russian words are cognates—they may not look like their English counterparts, but they sound like them. Match the Russian and English words. Write the letter of the English word next to the number of its Russian equivalent.

1. _e_ компью́тер
2. _d_ телефо́н
3. _a_ ра́дио
4. _c_ стул
5. _b_ телеви́зор
6. _h_ бана́н
7. _g_ ко́фе
8. _i_ лимо́н
9. _f_ грейпфру́т
10. _l_ зе́бра
11. _m_ тигр
12. _j_ леопа́рд
13. _k_ жира́ф
14. _p_ гита́ра
15. _q_ кларне́т
16. _s_ пиани́но
17. _r_ саксофо́н
18. _n_ тромбо́н
19. _o_ флéйта

a. radio
b. television
c. chair
d. telephone
e. computer
f. grapefruit
g. coffee
h. banana
i. lemon
j. leopard
k. giraffe
l. zebra
m. tiger
n. trombone
o. flute
p. guitar
q. clarinet
r. saxophone
s. upright piano

A-11. State names. Write the letter of the state name next to its numbered Russian equivalent.

Hint: северная = north;
южная = south

1. _s_ Мэн
2. _cc_ Нью-Хэмпшир
3. _ss_ Вермонт
4. _mm_ Род-Айленд
5. _u_ Массачусетс
6. _dd_ Нью-Джерси
7. _ff_ Нью-Йорк
8. _ll_ Пенсильвания
9. _g_ Коннектикут
10. _h_ Делавэр
11. _t_ Мэриленд
12. ___ Округ Колумбия
13. _tt_ Виргиния
14. _nn_ Южная Каролина
15. _j_ Джорджия
16. _i_ Флорида
17. _ii_ Огайо
18. _v_ Мичиган
19. _n_ Индиана
20. _m_ Иллинойс
21. _vv_ Висконсин
22. _w_ Миннесота
23. _o_ Айова
24. _y_ Миссури
25. _vv_ Западная Виргиния
26. _gg_ Северная Каролина
27. _hh_ Северная Дакота
28. _oo_ Южная Дакота
29. _aa_ Небраска
30. _p_ Канзас
31. _q_ Кентукки
32. _ff_ Теннесси
33. _a_ Алабама
34. _x_ Миссисипи
35. _r_ Луизиана
36. _qq_ Техас
37. _jj_ Оклахома
38. _d_ Арканзас
39. _z_ Монтана
40. _xx_ Вайоминг
41. _f_ Колорадо
42. _rr_ Юта
43. _ee_ Нью-Мексико
44. _c_ Аризона
45. _bb_ Невада
46. _l_ Айдахо
47. _uu_ Вашингтон
48. _kk_ Орегон
49. _e_ Калифорния
50. _b_ Аляска
51. _k_ Гавайи

a. Alabama
b. Alaska
c. Arizona
d. Arkansas
e. California
f. Colorado
g. Connecticut
h. Delaware
i. Florida
j. Georgia
k. Hawaii
l. Idaho
m. Illinois
n. Indiana
o. Iowa
p. Kansas
q. Kentucky
r. Louisiana
s. Maine
t. Maryland
u. Massachusetts
v. Michigan
w. Minnesota
x. Mississippi
y. Missouri
z. Montana

aa. Nebraska
bb. Nevada
cc. New Hampshire
dd. New Jersey
ee. New Mexico
ff. New York
gg. North Carolina
hh. North Dakota
ii. Ohio
jj. Oklahoma
kk. Oregon
ll. Pennsylvania
mm. Rhode Island
nn. South Carolina
oo. South Dakota
pp. Tennessee
qq. Texas
rr. Utah
ss. Vermont
tt. Virginia
uu. Washington
vv. West Virginia
ww. Wisconsin
xx. Wyoming
yy. District of Columbia

A-12. Select the letter of the country that matches each numbered capital.

1. ___c___ Берли́н
2. ___d___ Ло́ндон
3. ___i___ Отта́ва
4. ___f___ Вашингто́н
5. ___h___ Пари́ж
6. ___g___ Рим
7. ___e___ То́кио
8. ___b___ Пеки́н
9. ___a___ Мадри́д

a. Испа́ния
b. Кита́й
c. Герма́ния
d. А́нглия
e. Япо́ния
f. США
g. Ита́лия
h. Фра́нция
i. Кана́да

A-13. Read the answers first. Then read the text below and select answers to the questions on the text.

1. This person's first name (as spelled in English letters) is ___Anna___ .

2. What does she do?

   a. Works   (b.) Goes to school   c. Is unemployed   d. Is retired

3. She and her parents live in the same …

   a. country   (b.) city   c. house

4. Her mother is …

   (a.) an engineer   b. a journalist   c. unemployed   d. retired

5. Her father is …

   a. an engineer   (b.) a journalist   c. unemployed   d. retired

---

Меня́ зову́т А́нна. Я студе́нтка. Я живу́ в Москве́. Ма́ма и па́па то́же живу́т в Москве́.

Кто они́? Ма́ма инжене́р, а па́па журнали́ст.

A-14. Palatalization: Hard vs. soft consonants. The labels have been mixed up from the columns in the following table. Write the correct label from the list below above each column. Then click on the soft consonants in each word. If there are none, select the zero.

Column Labels: Animals, Foods, Months, Concepts, Family members

1. _Months_	2. _Family members_	3. _Animals_	4. _Foods_	5. _Concepts_
6. янва́рь (0)	11. мать (0)	16. зе́бра (0)	21. мя́со[5](0)	26. либерали́зм (0)
7. февра́ль (0)	12. ма́ма (0)	17. ти́гры (0)	22. изю́м[6] (0)	27. консервати́зм (0)
8. ию́нь (0)	13. сын (0)	18. леопа́рд (0)	23. ды́ня[7](0)	28. коммуни́зм (0)
9. а́вгуст (0)	14. тёти[1] (0)	19. соба́ка[3] (0)	24. бифште́кс (0)	29. демокра́тия (0)
10. октя́брь (0)	15. дя́дя[2] (0)	20. обезья́на[4] (0)	25. котле́ты (0)	30. идеоло́гия (0)

Hints:

1. The mother's **сёстры.**

2. The brother of **ма́ма.**

3. In English we name them **Ро́увер, Спот, Лэ́сси,** and **Рин-ти-ти́н.** In Russian, you might hear **Ша́рик, Жу́чка, Бо́бик,** and **Дружо́к.**

4. A sidekick of **Тарза́н** was one of these. Her name was **Чи́та.**

5. **Вегетариа́нцы** don't eat this.

6. A dried version of **виногра́д,** which is also used to make **вино́.**

7. It's yellow, big, tangy, juicy, and you might eat it for breakfast instead of **грейпфру́т.**

A-15. Recognizing italic Russian letters. Write the letter of the italicized word next to its non-italicized equivalent.

1. ___ дива́н
2. _f_ компью́тер
3. _e_ телефо́н
4. ___ ра́дио
5. ___ стул
6. _a_ телеви́зор
7. ___ бана́н
8. ___ ко́фе
9. _h_ лимо́н
10. ___ грейпфру́т
11. _m_ зе́бра
12. _n_ тигр
13. _k_ леопа́рд
14. ___ жира́ф
15. ___ гита́ра
16. ___ кларне́т
17. ___ пиани́но
18. ___ саксофо́н
19. ___ тромбо́н
20. ___ фле́йта

a. телеви́зор
b. стул
c. дива́н
d. ра́дио
e. телефо́н
f. компью́тер
g. грейпфру́т
h. лимо́н
i. бана́н
j. ко́фе
k. леопа́рд
l. жира́ф
m. зе́бра
n. тигр
o. пиани́но
p. кларне́т
q. тромбо́н
r. фле́йта
s. гита́ра
t. саксофо́н

A-16. Recognizing cursive Russian letters. Write the letter of the school subject in cursive next to its printed counterpart.

1. _d_ матема́тика
2. _g_ биоло́гия
3. _a_ хи́мия
4. _c_ исто́рия
5. _i_ францу́зский язы́к
6. ___ ру́сская литерату́ра
7. _b_ ру́сский язы́к
8. _e_ англи́йский язы́к
9. _f_ францу́зская исто́рия
10. _h_ америка́нская литерату́ра

a. химия
b. русский язык
c. история
d. математика
e. английский язык
f. французская история
g. биология
h. американская литература
i. французский язык
j. русская литература

A-17. Recognizing cursive Russian letters. Write the letter of the subject in cursive next to its printed counterpart. Then select the letter of the cursive word that would be a good title for the entire list.

1. __C__ гитари́ст   *a.* саксофонист
2. __d__ музыка́нты   *b.* органист
3. __e__ пиани́ст   *c.* гитарист
4. __a__ саксофони́ст   *d.* музыканты
5. __b__ органи́ст   *e.* пианист

6. Select the letter of the cursive word which would be a good title for the entire list: *d*

A-18. Recognizing cursive Russian letters. Write the letter of the cursive name next to its printed counterpart.

1. __b__ Страви́нский   *a.* Глинка
2. __e__ Проко́фьев   *b.* Стравинский
3. __d__ Чайко́вский   *c.* Римский-Корсаков
4. __g__ Му́соргский   *d.* Чайковский
5. __f__ Шостако́вич   *e.* Прокофьев
6. __c__ Ри́мский-Ко́рсаков   *f.* Шостакович
7. __a__ Гли́нка   *g.* Мусоргский

8. Select the best general title for this group.

   a. Writers
   b. Artists
   c. Composers
   d. Soviet leaders

A-19. Recognizing cursive Russian letters. Write the letter of the cursive name next to its printed counterpart.

1. ___ хоккéй   a. *рéгби*

2. ___ бейсбóл   b. *гимнáстика*

3. ___ футбóл   c. *волейбóл*

4. ___ фильм   d. *тéннис*

5. ___ гольф   e. *фильм*

6. ___ баскетбóл   f. *хоккéй*

7. ___ волейбóл   g. *бокс*

8. ___ гимнáстика   h. *бейсбóл*

9. ___ бóкс   i. *баскетбóл*

10. ___ тéннис   j. *футбóл*

11. ___ рéгби   k. *гольф*

12. Write the letter of the word that does not match the others in this category: _____

13. Select the best title for this category:

   a. Sports

   b. Toys

   c. Board games

А-20. Write one line of each capital and lowercase letter.

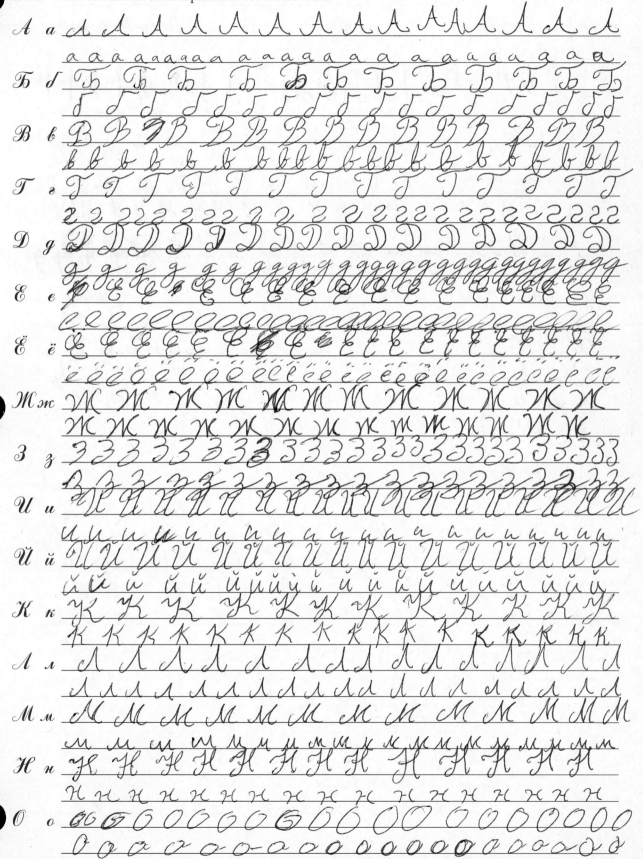

А а

Б б

В в

Г г

Д д

Е е

Ё ё

Ж ж

З з

И и

Й й

К к

Л л

М м

Н н

О о

П п

Р р

С с

Т т

У у

Ф ф

Х х

Ц ц

Ч ч

Ш ш

Щ щ

ъ

ы

ь

Э э

Ю ю

Я я

A-21. Copy the following state names in cursive.

Айдахо _Айдахо Айдахо Айдахо Айдахо Айдахо_

Пенсильвания _Пенсильвания Пенсильвания_

Мэн _Мэн Мэн Мэн Мэн Мэн Мэн Мэн_

Вермонт _Вермонт Вермонт Вермонт Вермонт_

Аризона _Аризона Аризона Аризона Аризона_

Флорида _Флорида Флорида Флорида Флорида_

Джорджия _Джорджия Джорджия Джорджия_

Огайо _Огайо Огайо Огайо Огайо Огайо Огайо_

Техас _Техас Техас Техас Техас Техас_

Алабама _Алабама Алабама Алабама Алабама_

Калифорния _Калифорния Калифорния_

Арканзас _Арканзас Арканзас Арканзас_

Кентукки _Кентукки Кентукки Кентукки_

Юта _Юта Юта Юта Юта Юта_

Мичиган _Мичиган Мичиган Мичиган_

Вашингтон _Вашингтон Вашингтон Вашингтон_

A-22. Copy the following city names in cursive. Check the U.S. cities. Put a star next to the cities you have visited.

Кишинёв _Кишинёв_

Гамбург _Гамбург_

✓ ★ Нью-Йорк _Нью-Йорк_

✓ ★ Чикаго _Чикаго_

Бразилия _Бразилия_

✓ Литл-Рок _Литл-Рок_

✓ Уичито _Уичито_

✓ Цинциннати _Цинциннати_

✓ Сент-Луис _Сент-Луис_

Ялта _Ялта_

A-23. Write your name in cursive in Russian.

Юрий

A-24. Write in cursive the Russian name of each item under the correct picture. Use the words in the box.

бана́н	дива́н	зе́бра	компью́тер
леопа́рд	лимо́н	ниани́но	ра́дио
рюкза́к	саксофо́н	гита́ра	стул
телеви́зор	тигр		

гитара   *диван*   *банан*   *зебра*

телевизор   *лимон*   *леопард*   *компьютер*

саксофон   *стул*   *пианино*   *тигр*

рюкзак   *радио*

Немного о себе

Устные упражнения

To do these exercises, follow the examples in the recording. Compare your answer with the correct response. Do each exercise several times. You will know you have active control of the forms when you can supply the correct answers without hesitation.

🔊 **Oral Drill 1 (Greetings)** How would you say hello to the following people the first time you meet them during the day? Use **Здра́вствуйте!** or **Здра́вствуй!**

Образе́ц:

| Ма́ма ➡ Здра́вствуй, ма́ма! |

| Еле́на Макси́мовна ➡ Здра́вствуйте, Еле́на Макси́мовна! |

Ди́ма

Ди́ма и Са́ша

Алекса́ндр Петро́вич

Та́ня

Ната́лья Петро́вна

15

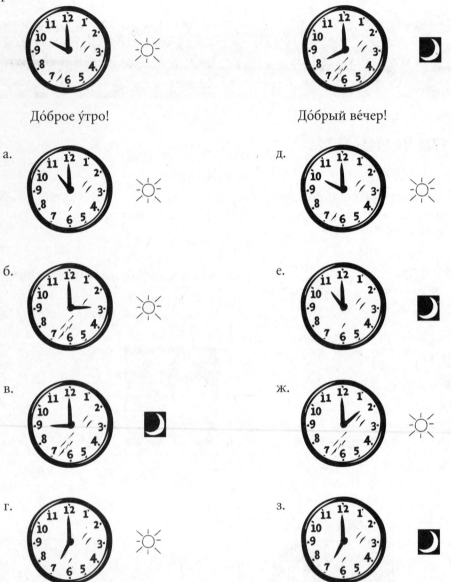

Oral Drill 2 (Greetings) How would you greet someone at the times shown? Use **Доброе утро!**, **Добрый день!**, or **Добрый вечер!** Proceed vertically.

Образец:

Доброе утро!

Добрый вечер!

а.

б.

в.

г.

д.

е.

ж.

з.

Oral Drill 3 (3. Nationality and gender — американец vs. американка) Indicate that the following people are Americans.

Джон ⟶ Джон американец.

Мэри	Марвин
Джим	Кэтрин
Линда	Джейн
Кэрол	Мэтью
Эван	Кевин

🔊 **Oral Drill 4 (3. Nationality and gender — кана́дец vs. кана́дка)** Indicate that the following people are Canadians.

Кто Са́ра? ➡	Са́ра кана́дка.
А Ро́берт? ➡	Ро́берт кана́дец.

Джон, Кен, Кэ́рол, Энн, Фред

🔊 **Oral Drill 5 (3. Students and gender — студе́нт vs. студе́нтка)** Practice asking the following people whether they are students.

Hint: This drill also gives you a chance to learn some common Russian first names. Put a check mark next to the men's names.

Ната́ша ➡ Ната́ша, ты студе́нтка?

Алекса́ндр	Ка́тя
Серёжа	Та́ня
Бо́ря	Ва́ня
Ве́ра	Анато́лий
Никола́й	Оля

🔊 **Oral Drill 6 (4. Gender of modifier "my")** Indicate that the following people are your relatives or friends.

Это ма́ма. ➡	Это моя́ ма́ма.	Это друг. ➡	Это мой друг.

Это сестра́.	Это подру́га.
Это оте́ц.	Это друг.
Это брат.	Это ма́ма.

🔊 **Oral Drill 7 (7. В + prepositional case to indicate location)** Indicate where the following people are.

Где Аня? (институ́т) ➡	Аня в институ́те.
А где Ната́ша? (магази́н) ➡	Ната́ша в магази́не.

Анто́н (музе́й)	Вади́м (шко́ла)
Мэ́ри (парк)	Бори́с Петро́вич (теа́тр)
Анна Васи́льевна (рестора́н)	Са́ша (университе́т)
мой друг (Росси́я)	моя́ сестра́ (институ́т)

🔊 **Oral Drill 8 (7. B + prepositional case to indicate location)** How would the inhabitants of these places indicate where they live?

| Где ты живёшь? (Москва́) ➡ Я живу́ в Москве́. |

Санкт-Петербу́рг	Вашингто́н
Омск	Нью-Йо́рк
Ирку́тск	Бо́стон
Но́вгород	Лос-Анджелес
Волгогра́д	Сиэ́тл
Арме́ния	Сент-Лу́ис
Хаба́ровск	Нева́да
Новосиби́рск	Вирги́ния
Росси́я	Калифо́рния
Ла́твия	

🔊 **Oral Drill 9 (7. B + prepositional case to indicate location)** How would students who go to college in these cities indicate where they are studying?

| Где вы у́читесь? (Москва́) ➡ Я учу́сь в Москве́. |

Санкт-Петербу́рг	Вашингто́н
Воро́неж	Нью-Йо́рк
Екатеринбу́рг	Бо́стон
Пятиго́рск	Лос-Анджелес
Новоросси́йск	Сиэ́тл
Смоле́нск	Сент-Лу́ис
Новосиби́рск	По́ртленд

🔊 **Oral Drill 10 (7. B + prepositional case to indicate location)** How would students at these institutions indicate where they are studying?

| Где вы у́читесь? (университе́т) ➡ Я учу́сь в университе́те. |

институ́т, шко́ла, университе́т

🔊 **Oral Drill 11** Listen to the dialog and fill in the missing words.

— Здра́вствуйте! Я но́вый _____.

— Очень _____. Джон.

— Ви́ктор. _____ не америка́нец?

— _____. _____ в Блуминго́не, штат Индиа́на.

— Недалеко́ от Чика́го, да? А где вы у́читесь?

— Я _____ как раз в Чика́го.

— Вот как! Ну, _____ _____ с ва́ми познако́миться.

— Мне то́же.

● Числительные

🔊 **01-01.** You already know numbers 0–10. Listen to numbers 11–20. When you have completed your reading, mark accordingly.

11 оди́ннадцать *adeemadtsat*	16 шестна́дцать *Shis na tzat*
12 двена́дцать *dvanadtsat*	17 семна́дцать *sem na tzt*
13 трина́дцать *trinadtsat*	18 восемна́дцать *vasim na tzat*
14 четы́рнадцать *chetyrna tzat*	19 девятна́дцать *divit na tzat*
15 пятна́дцать *pit na tzat*	20 два́дцать *dva tzat*

> ОДИН + НА + ДЦАТЬ
> (де́сять)

❑ Yes, I have completed this activity.

❑ No, I have not completed this activity.

🔊 **01-02.** Listen to the recording and write down the numbers you hear (in figures, not in words!).

1. _____	7. _____	13. _____
2. _____	8. _____	14. _____
3. _____	9. _____	15. _____
4. _____	10. _____	16. _____
5. _____	11. _____	17. _____
6. _____	12. _____	18. _____

🔊 **01-03.** Listen to the recording and write down the numbers you hear (in figures, not in words!).

1. _____	8. _____	15. _____
2. _____	9. _____	16. _____
3. _____	10. _____	17. _____
4. _____	11. _____	18. _____
5. _____	12. _____	19. _____
6. _____	13. _____	20. _____
7. _____	14. _____	21. _____

🔊 **01-04.** Listen to the recording and cross out the numbers you hear.

а. 1   2   3   4   5   6   7   8   9   10

б. 11   12   13   14   15   16   17   18   19   20

🔊 **01-05.** Listen to the following street addresses and fill in the blanks. Sometimes house numbers consist of digits alone, sometimes of digits plus a letter.

1. у́лица Плеха́нова, дом _____, кварти́ра _____.

2. Не́вский проспе́кт, дом _____, кварти́ра _____.

3. пло́щадь Револю́ции, дом _____, кварти́ра _____.

4. Светла́новский проспе́кт, дом _____, кварти́ра _____.

5. у́лица Ле́рмонтова, дом _____, кварти́ра _____.

6. у́лица Ле́нина, дом _____, кварти́ра _____.

7. Ки́ровский проспе́кт, дом _____, кварти́ра _____.

8. Мосфи́льмовская у́лица, дом _____, кварти́ра _____.

9. пло́щадь Побе́ды, дом _____, кварти́ра _____.

10. Центра́льная пло́щадь, дом _____, кварти́ра _____.

● Фонетика и интонация

🔊 **01-06.** Listen to the recording contrasting the falling intonation of the following Russian statements with the rising intonation of their English counterparts. When you have completed your reading, mark accordingly.

English	**Russian**
My name is John. I'm a student.	Меня́ зову́т Джон. Я студе́нт.
I am an American.	Я америка́нец.
My name is Mary. I'm a student.	Меня́ зову́т Мэ́ри. Я студе́нтка.
I am Canadian.	Я кана́дка.
My last name is Smith. I live in Washington. I go to college.	Моя́ фами́лия Смит. Я живу́ в Вашингто́не. Я учу́сь в университе́те.
It's very nice to meet you.	Очень прия́тно познако́миться.
Me too.	Мне то́же.

❑ Yes, I have completed this activity.

❑ No, I have not completed this activity.

🔊 **01-07.** Listen to the recording and repeat the sentences you hear, imitating the intonation as closely as you can. When you have completed your reading, mark accordingly.

Men	**Women**
Я студе́нт.	Я студе́нтка.
Я америка́нец.	Я америка́нка.
Я живу́ в Аме́рике.	Я живу́ в Аме́рике.
Я учу́сь в университе́те.	Я учу́сь в университе́те.

❑ Yes, I have completed this activity.

❑ No, I have not completed this activity.

Vowel reduction

🔊 **01-08.** Review the rules for pronouncing the letter **o** in unstressed syllables in the Alphabet Unit (**Алфави́т**) of the textbook. Then listen to the following words in the recording, repeating them to yourself and imitating their pronunciation as closely as you can. When you have completed your reading, mark accordingly.

unstressed **o** ➡ pronounced [a] or [ə]

1. зову́т
2. до свида́ния
3. познако́миться
4. прости́те

5. Москва́
6. прия́тно
7. о́тчество
8. у́тро

❏ Yes, I have completed this activity.

❏ No, I have not completed this activity.

🔊 **01-09.** Review the rules for pronouncing the letter **e** in unstressed syllables in the Alphabet Unit (**Алфави́т**) of the textbook. Then listen to the following words in the recording, repeating them to yourself and imitating their pronunciation as closely as you can. When you have completed your reading, mark accordingly.

unstressed **e** ➡ pronounced [ɪ]

1. америка́нец
2. америка́нка
3. о́тчество
4. о́чень
5. меня́

❏ Yes, I have completed this activity.

❏ No, I have not completed this activity.

Письменные упражнения   Миннесота

01-10. (**Cursive handwriting**) Copy the following sentences, personalizing them as indicated.

Доброе утро! *Доброе утро!* _____

Меня зовут . . . *Меня зовут Юрий* _____

Я живу в городе . . . *Я живу в городе Миннесота.*

Я учусь в штате . . . *Я ~~эт~~ учусь в штате Миннесота.*

> A list of U.S. states in Russian can be found on p. 5 in the S.A.M.

01-11. (**4. Gender of modifier "my"**) Select the correct form of "my" for each context.

1. Это _____ мама.
   a. мой
   (b.) моя

2. Это _____ друг.
   (a.) мой
   b. моя

3. Это _____ отец.
   (a.) мой
   b. моя

4. Это _____ сестра.
   a. мой
   (b.) моя

5. Это _____ брат.
   (a.) мой
   b. моя

6. Это _____ подруга.
   a. мой
   (b.) моя

01-12. (**7. Nominative case vs. prepositional case**) Indicate which words are in the nominative case (N) and which ones are in the prepositional case (P).

1. Моя сестра (   ) студентка (   ).

2. Джим (   ) канадец (   ).

3. Я (   ) живу в России (   ).

4. Сан-Франциско (   ) в Калифорнии (   ).

5. Ты (   ) живёшь в Москве (   )?

6. Мой друг (   ) в университете (   ).

01-13. (**7. В + prepositional case to indicate location**) Complete the sentences by providing the correct one-letter case ending on the name of each state or country to indicate the location of the following cities. To make the last half of this exercise more meaningful, look at the map of the former Soviet Union inside the front cover of the textbook.

Латвия	➡	Рига в Латви_____.	➡	Рига в Латвии.

1. Массачусетс ➡ Бостон в Массачусетс _____.

2. Аризона ➡ Феникс в Аризон _____.

3. Джорджия ➡ Атланта в Джорджи _____.

4. Флорида ➡ Майами во Флорид _____.

5. Грузия ➡ Тбилиси в Грузи _____.

6. Россия ➡ Воронеж в Росси _____.

7. Узбекистан ➡ Ташкент в Узбекистан _____.

8. Литва ➡ Вильнюс в Литв _____.

01-14. (**7. В + prepositional case**) People from the following cities and states are asked where they live. What will they write?

Где вы живёте? (Санкт-Петербург) ➡ Я живу в Санкт-Петербурге.
Бостон ➡ Я живу в Бостоне.

1. Нью-Йорк _____

2. Вашингтон _____

3. Чикаго _____

4. Лос-Анджелес _____

5. Сан-Франциско _____

6. Флорида _____

7. Сан-Диего _____

8. Филадельфия _____

9. Цинциннати _____

01-15 (7. Nominative vs. prepositional case) Где ты живёшь? Refer to the map on the inside cover of your textbook and select the appropriate question for each place listed below. *Watch out! Sometimes the place name is given to you in nominative case and sometimes in prepositional.* You'll have to decide which question is correct for the form of each place name provided.

> Ташкенте:
>
>   a. <u>Ты живёшь в Ташкенте?</u>
>
>   b. Где Ташкент?

1. Новгород

    a. Ты живёшь в . . .?

    b. Где . . .?

2. Латвия

    a. Ты живёшь в . . .?

    b. Где . . .?

3. Рига

    a. Ты живёшь в . . .?

    b. Где . . .?

4. Армении

    a. Ты живёшь в . . .?

    b. Где . . .?

5. Якутске

    a. Ты живёшь в . . .?

    b. Где . . .?

6. Грузия

    a. Ты живёшь в . . .?

    b. Где . . .?

7. Воронеж

    a. Ты живёшь в . . .?

    b. Где . . .?

8. Литве

    a. Ты живёшь в . . .?

    b. Где . . .?

01-16. (**7. Nominative vs. prepositional case**) **Где ты учишься?** Referring to the map on the inside cover of your textbook, recreate the following dialog. Note the case of each word in the list and change the form of the word as needed according to context. If the word is listed in nominative case, it will match what you will see on the map. If it is listed in prepositional case, you will need to change it to nominative as necessary, according to context. The map will provide you with the nominative-case form.

> — Ты учишься в <u>Ташкенте</u>? А где Ташкент?
>
> — Ташкент в Узбекистане.

1. Иркутск _____

    _____

2. Риге _____

    _____

3. Тбилиси _____

    _____

4. Ереване _____

    _____

5. Бишкек _____

    _____

6. Сочи _____

    _____

7. Баку _____

    _____

01-17. Страница в Сети. Review the social networking web page on p. 37 in the textbook. What would you write to fill in the gray blanks about yourself?

женский – *female*; мужской – *male*

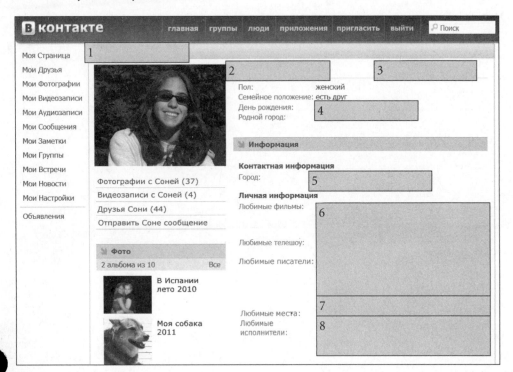

01-18. Немного о себе. Fill in the blanks with the correct forms of the words in parentheses.

[*Hello*] _____! [*My name is*] _____ [*Fill in your name*]

_____. [*I am*] _____ [*your nationality*]

_____. [*I live*] _____ [*in*] _____

[*your country*] _____. [*I study*] _____ [*in*] _____

[*a university*] _____. [*The university is*] _____ [*in*] _____

[*name of the state*] _____.

01-19. Вопросы. The questions in this dialog have been lost. Restore them.

1. _____

— Меня зовут Ольга.

2. _____

— Смирнова.

3. _____

— В Москве.

4. _____

— Да, я студентка.

5. _____

— Я учусь в университете.

● Видео

Нужные слова

Words are given in order of their first appearance in the video.

го́род – *city*
коренна́я – *native born*
центр – *center; downtown*
всю жизнь – *entire life*
люблю́ свой го́род и обожа́ю вас – *I love my city and adore you*
роди́лся (*male*), **родила́сь** (*female*) – *was born*
вы́рос (*male*), **вы́росла** (*female*) – *grew up*
сего́дня – *today*
большо́й – *big*

01-20. Имя, отчество, фамилия. Type the letter of the **фамилия** on the right that matches the **имя-отчество** on the left.

1. Александра (Саша)   a. Гущенко

2. Валерий Семёнович   b. Казакова

3. Всеволод Владимирович   c. Кудряшов

4. Зоя Османовна   d. Кудряшова

5. Михаил   e. Опёнков

6. Оксана   f. Осипов

7. Ольга Вячеславовна   g. Поспелова

8. Юрий (Юра)   h. Прохвачёва

01-21. Новые слова из контекста. Choose the word that best fits the English.

1. Я живу в (*the capital of*) нашей России . . .

   a. жизни

   b. центре

   c. городе

   d. столице

2. Я (*have lived*) всю жизнь в Москве.

   a. прожила

   b. выросла

   c. родилась

   d. познакомилась

3. Ленинград сегодня (*is called*) Санкт-Петербург.

   a. зовут

   b. находится

   c. знакомится

   d. называется

4. Волгоград (*is located*) на Волге.

   a. зовут

   b. находится

   c. знакомится

   d. называется

Что у меня есть?

Устные упражнения

🔊 **Oral Drill 1 (2. Plural nouns)** Make these nouns plural.

Это книга	➞	Это книги.

чемода́н, докуме́нт, деклара́ция, университе́т, пла́тье, газе́та, пода́рок, студе́нт, слова́рь, окно́, доска́, тетра́дь, каранда́ш, ру́чка, рюкза́к, кот, ко́шка, соба́ка

🔊 **Oral Drill 2 (3. Personal pronouns)** Answer the questions. Follow the model.

Где Мари́на?	➞	Она́ здесь.

Где Вале́ра?	Где Ли́нда?
Где ма́ма?	Где па́па?
Где студе́нт?	Где студе́нтка?
Где студе́нты?	Где америка́нцы?
Где кана́дка?	Где president?

🔊 **Oral Drill 3 (3. Personal pronouns)** Answer the questions. Follow the model.

Где соба́ка?	➞	Соба́ка? Вот она́.

Где докуме́нты?	Где соба́ка?
Где па́спорт?	Где чемода́н?
Где джи́нсы?	Где фотоаппара́т?
Где кни́га?	Где пла́тье?
Где ра́дио?	Где кот?
Где маши́на?	Где пальто́?
Где слова́рь?	Где крова́ть?
Где рюкза́к?	Где тетра́дь?
Где мел?	

Oral Drill 4 (4. Possessive pronouns) Respond that the following things are yours.

Чей э́то чемода́н? ➡ Мой.

Чья э́то ко́мната?
Чей э́то па́спорт?
Чья э́то ма́йка?
Чьё э́то окно́?
Чья э́то соба́ка?
Чей э́то слова́рь?
Чьи э́то джи́нсы?
Чьё э́то письмо́?
Чья э́то оде́жда?
Чьё э́то пла́тье?
Чьи э́то докуме́нты?
Чей э́то кот?
Чья э́то футбо́лка?
Чья э́то фотогра́фия?
Чей э́то сви́тер?
Чей э́то каранда́ш?

 Oral Drill 5 (4. Possessive pronouns) Respond "yes" to the following questions.

Это твоя́ ру́чка? ➡ Да, моя́.

Это ваш па́спорт?
Это его́ диск?
Это её журна́л?
Это твоя́ газе́та?
Это их докуме́нты?
Это ва́ша маши́на?
Это её пла́тье?
Это на́ши ру́чки?
Это твои́ брю́ки?
Это ва́ша соба́ка?
Это его́ рюкза́к?

⬤ 🔊 **Oral Drill 6 (2. Plural nouns and 4. Possessive pronouns)** Restate these sentences in the plural.

Это мой чемода́н. ➡ Это мои́ чемода́ны.

моя́ газе́та
твоя́ кни́га
мой журна́л
твой слова́рь
моя́ ма́йка
твоё пла́тье
твой каранда́ш
наш фотоаппара́т
ваш костю́м
на́ша тетра́дь
ва́ша студе́нтка
наш университе́т
ва́ше письмо́
ваш рюкза́к

🔊 **Oral Drill 7 (3. Personal pronouns and 4. Possessive pronouns)** Respond to the following questions as in the model. Think about the meaning of the possessive words.

Где мой па́спорт? ➡ Ваш па́спорт? Вот он.

⬤ Где мои́ джи́нсы?
Где моя́ ма́йка?
Где его́ докуме́нты?
Где наш профе́ссор?
Где твой пода́рок?
Где ва́ши докуме́нты?
Где моё пла́тье?
Где её компью́тер?
Где твоя́ тетра́дь?
Где на́ши ру́чки?
Где твои́ боти́нки?

🔊 **Oral Drill 8 (4. Чей)** Ask to whom these items belong.

Вот докуме́нты. ➡ Чьи э́то докуме́нты?

Вот пле́ер.
Вот кни́га.
Вот па́спорт.
Вот ра́дио.
Вот маши́на.
Вот ту́фли.
Вот кроссо́вки.
⬤ Вот руба́шка.
Вот рюкза́к.
Вот каранда́ш.
Вот боти́нки.

Oral Drill 9 (4. Чей) Look at the pictures and ask to whom the items belong. Listen to the recording to check your answers. Proceed horizontally.

Чья э́то кни́га?

а.

б.

в.

г.

д.

Oral Drill 10 (5. Adjectives and 8. Есть) Indicate that you have these items.

У вас си́ний костю́м? ➡ Да, у меня́ си́ний костю́м.

У вас ста́рая соба́ка?
У вас небольшо́й слова́рь?
У вас после́дний журна́л?
У вас ста́рое пальто́?
У тебя́ ру́сские кни́ги?
У тебя́ хоро́шее ра́дио?
У тебя́ америка́нский телеви́зор?
У тебя́ бе́лое пла́тье?
У тебя́ краси́вая маши́на?

Oral Drill 11 (5. Adjectives and 8. Есть) Say the opposite of everything the questioner asks.

У тебя́ больша́я маши́на? ➡ Нет, ма́ленькая.

У тебя́ но́вое пла́тье?
У тебя́ хоро́ший диск?
У тебя́ хоро́шая маши́на?
У тебя́ но́вый моби́льник?
У тебя́ интере́сный журна́л?
У тебя́ ма́ленький кот?
У тебя́ краси́вая маши́на?
У тебя́ плохо́е ра́дио?
У тебя́ ста́рый чемода́н?

⬤ 🔊 **Oral Drill 12 (5. Adjectives and 6. Какóй)** Ask for information about the following items and indicate that they are new.

| маши́на | ➡ | — Кака́я у вас маши́на? | — Но́вая. |

фотоаппара́т, боти́нки, ра́дио, компью́тер, чемода́н, дом, газе́та, пальто́, часы́

🔊 **Oral Drill 13 (5. Adjectives and 6. Какóй)** Indicate what color the following items are.

| Кака́я у вас руба́шка? (чёрный) | ➡ | Руба́шка? Чёрная. |

Кака́я у тебя́ маши́на? (кра́сный)
Како́й у тебя́ костю́м? (се́рый)
Како́е у вас пла́тье? (зелёный)
Каки́е у вас ту́фли? (бе́лый)
Кака́я у вас ку́ртка? (си́ний)

🔊 **Oral Drill 14 (4. Чей and 6. Какóй, что)** Supply questions to the following answers.

Это большо́й университе́т.	➡	Како́й это университе́т?
Это наш телеви́зор.	➡	Чей это телеви́зор?
Это компью́тер.	➡	Что это?

⬤ Это америка́нский диск.
Это мой рюкза́к.
Это её сапоги́.
Это на́ша ко́шка.
Это моби́льный телефо́н.
Это англо-ру́сский слова́рь.
Это интере́сная газе́та.
Это ста́рые очки́.
Это твоё пла́тье.
Это ру́чка и каранда́ш.

🔊 **Oral Drill 15 (7. Это vs. э́тот)** Ask to whom these items belong.

| Вот докуме́нты. | ➡ | Эти докуме́нты ва́ши? |

Вот микрофо́н.
Вот ко́мната.
Вот па́спорт.
Вот окно́.
Вот маши́на.
Вот кот.
Вот ту́фли.
⬤ Вот слова́рь.
Вот рюкза́к.
Вот каранда́ш.
Вот соба́ка.

Числительные

02-01. Numbers 20–49. Listen to the numbers and repeat them to yourself. When you have completed your listening, mark accordingly.

20	30	40
два́дцать	три́дцать	со́рок
два́дцать оди́н	три́дцать оди́н	со́рок оди́н
два́дцать два	три́дцать два	со́рок два
два́дцать три	три́дцать три	со́рок три
два́дцать четы́ре	три́дцать четы́ре	со́рок четы́ре
два́дцать пять	три́дцать пять	со́рок пять
два́дцать шесть	три́дцать шесть	со́рок шесть
два́дцать семь	три́дцать семь	со́рок семь
два́дцать во́семь	три́дцать во́семь	со́рок во́семь
два́дцать де́вять	три́дцать де́вять	со́рок де́вять

❑ Yes, I have completed this activity.

❑ No, I have not completed this activity.

02-02. Teens and -ties. Listen for the difference. Write down the numbers you hear.

1. _____

2. _____

3. _____

4. _____

5. _____

6. _____

7. _____

8. _____

9. _____

10. _____

11. _____

12. _____

13. _____

14. _____

15. _____

16. _____

17. _____

18. _____

🔊 **02-03. 2s and 9s.** Numbers with twos and nines can be confusing, so listen carefully for the distinctions between them. Write down the numbers you hear.

1. _____ 6. _____ 11. _____

2. _____ 7. _____ 12. _____

3. _____ 8. _____ 13. _____

4. _____ 9. _____ 14. _____

5. _____ 10. _____ 15. _____

🔊 **02-04. Номера́ телефо́нов.** Midsize Russian cities have six-digit phone numbers. Jot down the numbers for each of these people in Volgograd.

1. Константи́н Фили́ппов (Ко́стя)   _____

2. Мари́на Жу́кова (Ма́ша)   _____

3. Алекса́ндр Полищу́к (Са́ша)   _____

4. Гали́на Бело́ва (Га́ля)   _____

5. Влади́мир Цара́пов (Воло́дя)   _____

6. Лев Леви́цкий (Лёва)   _____

7. Анна Соколо́ва (Аня)   _____

8. Наде́жда Вишне́вская (На́дя)   _____

9. Эдуа́рд Ивано́в (Эдик)   _____

10. Ива́н Ла́птев (Ва́ня)   _____

Фонетика и интонация

🔊 **02-05. Questions with a question word. Intonation contour 2 (IC-2).** Listen to the following examples. When you have completed your reading and listening, mark accordingly.

In Russian questions with a question word, the intonation falls sharply on the word being asked about. The heavy intonation fall may sound brusque to you.

Чей э́то чемода́н?   Где пода́рки?   Како́й сюрпри́з?

The intonation for simple declarative sentences (IC-1) sounds less brusque.

Это мой чемода́н.   Пода́рки здесь.

❏ Yes, I have completed this activity.

❏ No, I have not completed this activity.

🔊 **02-06.** Listen to the conversation. Indicate whether you hear IC-1 or IC-2. Select the word emphasized.

1. a. (IC-_____) — Где ва́ша ко́мната?

   б. (IC-_____) — Вот она́.

2. a. (IC-_____) — Чей э́то чемода́н?

   б. (IC-_____) — Это мой чемода́н.

   в. (IC-_____) — Это то́же мой чемода́н.

3. a. (IC-_____) — Что у вас там?

   б. (IC-_____) — Но́вые америка́нские фи́льмы.

4. a. (IC-_____) — Где вы живёте?

   б. (IC-_____) — Я живу́ в Кли́вленде.

🔊 **02-07.** Listen to the questions on the recording and repeat them to yourself, imitating the intonation as closely as you can. Do not be afraid of sounding "rude." IC-2 may sound brusque to English speakers, but Russians perceive it as normal. When you have completed your listening and are pleased with your imitation, mark accordingly.

1. Как вас зову́т?
2. Как ва́ше и́мя-о́тчество?
3. Как ва́ша фами́лия?
4. Где вы живёте?

5. Где журна́лы?
6. Где ва́ши чемода́ны?
7. Каки́е у вас кни́ги?
8. Кто э́то?

❑ Yes, I have completed this activity.

❑ No, I have not completed this activity.

🔊 **02-08.** Review the rules for pronouncing the letter **o** in unstressed syllables from the Alphabet unit in the textbook. Remember that unstressed **o** is pronounced [a] or [ə], depending on which syllable it falls on. Then listen to the words in the recording and repeat them to yourself. Imitate their pronunciation as closely as you can. When you have completed this activity, mark accordingly.

1. оде́жда
2. докуме́нты
3. пода́рок
4. чемода́н
5. большо́й

6. то́лько
7. молоде́ц
8. спаси́бо
9. пожа́луйста
10. хорошо́

❑ Yes, I have completed this activity.

❑ No, I have not completed this activity.

🔊 **02-09.** Review the rules for pronouncing the letter **e** in unstressed syllables from the Alphabet unit in the textbook. Remember that unstressed **e** is pronounced [ɪ]. Then repeat the words in the recording to yourself, imitating their pronunciation as closely as you can. When you have completed your listening and repeating, mark accordingly.

1. телефо́н
2. чемода́н
3. ма́ленький

4. америка́нский
5. телеви́зор

❑ Yes, I have completed this activity.

❑ No, I have not completed this activity.

Письменные упражнения

02-10. (**2. The 7-letter spelling rule**) Select the correct explanation for the 7-letter spelling rule.

1. After the letters **б, в, г, д, ш, щ,** and **ч**, do not write the letter **ы**. Write the letter **и** instead.

2. After the letters **г, к, х, ш, щ, ж,** and **ч**, do not write the letter **ы**. Write the letter **и** instead.

3. After the letters **ж, ш, щ, ч, ц, ь,** and **ч**, do not write the letter **ы**. Write the letter **и** instead.

02-11. (**2. The 7-letter spelling rule**) Select the correct word as an example of the 7-letter spelling rule.

1. словари
2. чемоданы
3. книги
4. музеи
5. дяди

02-12. (**2. Plurals of nouns**). Write the nominative plural form of each noun provided. Then check off the appropriate column, or leave the checkboxes blank if none of the rules below apply.

    a. 7-letter spelling rule   b. soft-stem noun   c. neuter noun (their plural endings are different!)

Noun	Plural	7-letter	Soft-stem	Neuter
1. костюм		❑	❑	❑
2. документ		❑	❑	❑
3. подарок		❑	❑	❑
4. словарь		❑	❑	❑
5. дом		❑	❑	❑
6. газета		❑	❑	❑
7. видеокамера		❑	❑	❑
8. шапка		❑	❑	❑
9. платье		❑	❑	❑
10. пальто		❑	❑	❑
11. ботинок		❑	❑	❑
12. чемодан		❑	❑	❑
13. компьютер		❑	❑	❑
14. карандаш		❑	❑	❑
15. журнал		❑	❑	❑
16. галстук		❑	❑	❑
17. юбка		❑	❑	❑
18. книга		❑	❑	❑
19. машина		❑	❑	❑
20. отчество		❑	❑	❑
21. радио		❑	❑	❑
22. кровать		❑	❑	❑

02-13. (**3. Personal pronouns**) Select the appropriate pronoun to replace the noun in each sentence: **он, она, оно**, or **они**.

1. Где моя комната? Вот _____.

   a. он

   b. она

   c. оно

   d. они

2. Где ваш паспорт? Вот _____.

   a. он

   b. она

   c. оно

   d. они

3. Где его чемодан? Вот _____.

   a. он

   b. она

   c. оно

   d. они

4. Где наши документы? Вот _____.

   a. он

   b. она

   c. оно

   d. они

5. Где твой рюкзак? Вот _____.

   a. он

   b. она

   c. оно

   d. они

6. Где её платье? Вот _____.

   a. он

   b. она

   c. оно

   d. они

7. Где новый DVD-плеер? Вот _____.

   a. он

   b. она

   c. оно

   d. они

8. Где Московский университет? Вот _____.

   a. он

   b. она

   c. оно

   d. они

9. Где Марина? Вот _____.

   a. он

   b. она

   c. оно

   d. они

10. Где Маша и Юрий? Вот _____.

    a. он

    b. она

    c. оно

    d. они

02-14. (**2. and 4. Plurals**) Make the following phrases plural. Then check off the appropriate column or columns, or leave the checkboxes blank if none of the rules below apply.

a. 7-letter spelling rule   b. soft-stem noun   c. neuter nouns

Noun phrase	Plural	7-letters	Soft-stem	Neuter
1. мой костюм	_____	❏	❏	❏
2. твой галстук	_____	❏	❏	❏
3. твоя рубашка	_____	❏	❏	❏
4. моё платье	_____	❏	❏	❏
5. наша книга	_____	❏	❏	❏
6. твой пиджак	_____	❏	❏	❏
7. ваш словарь	_____	❏	❏	❏
8. мой подарок	_____	❏	❏	❏
9. ваша фотография	_____	❏	❏	❏
10. мой свитер	_____	❏	❏	❏
11. твоя тетрадь	_____	❏	❏	❏
12. её карандаш	_____	❏	❏	❏
13. их диск	_____	❏	❏	❏
14. его письмо	_____	❏	❏	❏

02-15. (**4. Possessive pronouns**) Fill in the blanks with the correct forms of the words in parentheses.

1. — Это [*his*] _____ книга или [*her*] _____ книга?

   — Это [*my*] _____ книга.

2. — Это [*her*] _____ чемодан?

   — Нет, [*theirs*] _____.

3. — Где [*your*] _____ словарь?

   — [*My*] _____ словарь здесь.

4. — Чьи это чемоданы?

   — Это [*our*] _____ чемоданы.

5. — Где [*my*] _____ документы?

   — Я не знаю, где [*your*] _____ документы.

6. — Чья это одежда?

   — Это [*our*] _____ одежда.

02-16. (**4. Чей**) Write questions about the underlined words. Follow the model.

Это <u>моя</u> машина. ➡ Чья это машина?

1. Это <u>твой</u> костюм.   _____
2. Это <u>ваша</u> куртка.   _____
3. Это <u>его</u> радио.   _____
4. Это <u>их</u> документы.   _____
5. Это <u>моя</u> футболка.   _____
6. Это <u>наш</u> дом.   _____
7. Это <u>мои</u> брюки.   _____
8. Это <u>её</u> пальто.   _____

02-17. (**2. and 5. Plurals**) Make the following phrases plural, placing one word in each blank. Check the box after each word that has an ending that involves the 7-letter spelling rule.

1. американская студентка
   _____ ❑   _____ ❑

2. хороший университет
   _____ ❑   _____ ❑

3. американский студент
   _____ ❑   _____ ❑

4. англо-русский словарь
   _____ ❑   _____ ❑

5. новый фильм
   _____ ❑   _____ ❑

6. синее платье
   _____ ❑   _____ ❑

7. большая красная машина
   _____ ❑   _____ ❑   _____ ❑

8. интересный журнал
   _____ ❑   _____ ❑

9. маленький коричневый чемодан
   _____ ❑   _____ ❑   _____ ❑

10. старая тетрадь
    _____ ❑   _____ ❑

11. жёлтый карандаш
    _____ ❑   _____ ❑

02-18. **(2, 4, 5. Plurals)** Make the following phrases plural, placing one word in each blank. Check the box after each word that has an ending that involves the 7-letter spelling rule.

1. мой новый фотоаппарат

   _____ _____ ☐ _____ ☐

2. твоя интересная книга

   _____ _____ ☐ _____ ☐

3. его чёрная машина

   _____ _____ ☐ _____ ☐

4. её розовое платье

   _____ _____ ☐ _____ ☐

5. наш старый докумeнт

   _____ _____ ☐ _____ ☐

6. ваш хороший компьютер

   _____ _____ ☐ _____ ☐

7. их русский журнал

   _____ _____ ☐ _____ ☐

8. твоя синяя блузка

   _____ _____ ☐ _____ ☐

9. его зелёная майка

   _____ _____ ☐ _____ ☐

10. ваш большой рюкзак

    _____ _____ ☐ _____ ☐

02-19. **(5. Adjectives—personalized) Какой кошмар! Где мой чемодан?** You are filling out a lost luggage report. Make a list of the items in your lost suitcase. Use an adjective with each noun, including colors and other modifiers. Do not use numbers.

1. _____
2. _____
3. _____
4. _____
5. _____
6. _____
7. _____
8. _____
9. _____
10. _____

02-20. (**5. Adjectives and nouns**) The speakers were waiting for a bus at the airport, making small talk about their luggage, and their voices were drowned out by the noise. Help restore the transcripts of their conversations by completing the sentences with the most logical nouns from the word bank provided. Be sure the noun you select matches the sentence not only in meaning, but in gender and number.

DVD-плеер   ноутбук
диски   словарь
компьютер   файлы
лэптоп   фотоаппарат
медиаплеер   фотография

1. — Дженнифер, у тебя «Кодак», да? Это хороший _____?

    — Очень хороший. Смотри, какая хорошая _____.

2. — Боря, у тебя «Самсунг»? Это новый _____?

    — Да, новый. А вот новые, американские _____.

3. — Мэри, у тебя есть англо-русский _____?

    — Нет. Есть только русско-английский.

4. — Коля! Что это у тебя? «Делл»? Это хороший _____?

    — Очень хороший.

02-21. (**6. Какой**) Write questions about the underlined words. Follow the model.

Это <u>новая</u> машина. ➡ Какая это машина?

1. Это <u>американский</u> телевизор.

    _____

2. Это <u>новый</u> компьютер.

    _____

3. Это <u>русская</u> книга.

    _____

4. Это <u>американские</u> студенты.

    _____

5. Это <u>Московский</u> университет.

    _____

6. Это <u>русское</u> имя.

    _____

02-22. **(4. and 6. Чей, какой, что)** Fill in the blanks with the question word that matches the English equivalent as closely as possible. Be sure to capitalize each question word, since it appears at the beginning of a sentence. Pay attention to gender and number as well.

1. What book is this? _____ это книга?

2. Whose book is that? _____ это книга?

3. What disks do you have? _____ у вас диски?

4. Whose disks do you have? _____ у вас диски?

5. What do you have there? _____ тут у вас?

6. What is that? _____ это?

02-23. **(4. and 6. Чей, какой, что)** Translate into Russian. Replace the quotation marks with dashes as in the dialogs in the textbook.

1. "What is this?" "This is a magazine."

_____

2. "What magazine is this?" "This is a Russian magazine."

_____

3. "What do you have there?" "This is my old printer."

_____

4. "Whose clothes are those?" "Those are our clothes."

_____

02-24. **(7. Plurals, this/these)** Make the following phrases plural. Check the box after each word that has an ending that involves the 7-letter spelling rule.

1. этот большой чемодан _____ _____ ❑ _____ ❑

2. эта белая рубашка _____ _____ ❑ _____ ❑

3. это старое пальто _____ _____ ❑ _____ ❑

4. этот хороший карандаш _____ _____ ❑ _____ ❑

5. это красивое платье _____ _____ ❑ _____ ❑

02-25. **(7. This is/these are vs. this/these)** Translate into Russian.

1. This is a city. This city is big.

   _____

2. This is a skirt. This skirt is dark blue. [*Hint:* "dark blue" is one word.]

   _____

3. Is this a new coat? Is this coat new?

   _____

4. These are Russian magazines. These magazines are Russian.

   _____

02-26. **(Pulling it all together—personalized)** Answer five of the following questions truthfully, keeping within the confines of the Russian you know.

У вас есть компьютер? Какой?   У вас есть словарь? Какой?

У вас есть машина? Какая?   Ваш чемодан большой?

Какая у вас куртка?   Ваш университет маленький?

У вас есть мобильник? Какой?   Ваши курсы интересные?

Какие у вас книги?

1. _____
2. _____
3. _____
4. _____
5. _____

02-27. **(Pulling it all together)** You and your roommate have gotten your things mixed up. Fill in the blanks to figure out what is whose.

1. — Это [*your*] _____ [*shoes*] _____?

2. — Да, [*mine*] _____.

3. — А [*the white*] _____ [*shirt*] _____?

   [*Is it*] _____ тоже [*yours*] _____?

4. — Нет. Только [*the red*] _____ [*sweater*] _____ [*is mine*] _____.

5. — [*Do you have*] _____ [*a mobile phone*] _____?

6. — Да, [*here it is*] _____.

02-28. **(Pulling it all together)** Write an e-mail to your future host family in Russia. Say as much about yourself as you can.

02-29. **(Pulling it all together)** You need advice about what to pack for your upcoming trip to Russia. Write your friend in Russia and ask what you should bring with you. Explain what clothes and other items you have for your trip to Russia.

The following words and phrases will be useful for both e-mails:

Дорого́й/Дорога́я . . . – *Dear* . . .

Твой/Твоя́; Ваш/Ва́ша – *your* (to end a letter or message)

Что на́до взять? – *What should I bring?*

02-30. **(Pulling it all together) Фотогра́фии.** You are writing captions to your photos on your new site at **В конта́кте**. Identify people and things in your photos, using as many adjectives as possible.

●Видео

Упражнения к видео

02-31. Нужные слова. Recognizing the place of stress is important to remembering the word aurally. Watch the video to determine the place of stress in these words. Then select the response with the correct stress.

1. **игрушка** – *toy; game*

   a. и́грушка

   b. игру́шка

   c. игрушка́

2. **картина** – *picture*

   a. ка́ртина

   b. карти́на

   c. картина́

3. **квартира** – *apartment*

   a. ква́ртира

   b. кварти́ра

   c. квартира́

4. **комната** – *room*

   a. ко́мната

   b. комна́та

   c. комната́

5. **любим** – *we love*

   a. лю́бим

   b. люби́м

6. **находится** – *is located*

   a. на́ходится

   b. нахо́дится

   c. находи́тся

   d. находится́

02-32. Что вы узнали? What did you find out by watching the video? Select the correct response according to what is said in the video.

1. Где находится Архангельск?

   a. на Неве

   b. на Дону

   c. на Двине

   d. на Волге

2. Сколько компьютеров у Юры Кудряшова?

   a. один лэптоп

   b. один «Пентиум»

   c. два новых «Макинтоша»

   d. два персональных компьютера

3. Какие цветы у Саши?

   a. розы

   b. герани

   c. кактусы

   d. хризантемы

4. Кто Володя?

   a. Американец, но живёт в России.

   b. Русский, но у него паспорт США.

   c. Американец, но говорит по-русски.

   d. Русский, вырос в Санкт-Петербурге.

02-33. **Новые слова.** Choose the word that was used in the video.

1. У нас есть Интернет, и мы получаем много _____.

   a. инфекций

   b. инсталяций

   c. информации

   d. компьютеризации

2. Сейчас у нас американский _____.

   a. кот

   b. гость

   c. студент

   d. профессор

3. Что есть в _____?

   a. куртке

   b. доме

   c. комнате

   d. квартире

4. У них большой телевизор, _____, большой стол . . .

   a. диски

   b. шорты

   c. картины

   d. комнаты

5. Мы _____ Гришу.

   a. зовём

   b. любим

   c. получаем

   d. называем

Какие языки вы знаете?

Устные упражнения

🔊 **Oral Drill 1 (2. Знать)** Practice conjugating the verb **знать** by saying that the people listed know a little Russian.

> Мы немно́го зна́ем ру́сский язы́к.
>
> он ➡ Он немно́го зна́ет ру́сский язы́к.

я, вы, ты, мы, она́, они́, Джон, америка́нцы, Кристи́на

🔊 **Oral Drill 2 (2. Чита́ть)** Practice conjugating **чита́ть** by saying that the people listed read Chinese.

> Мой друг чита́ет по-кита́йски.
>
> Ка́тя ➡ Ка́тя чита́ет по-кита́йски.

па́па, мы, я, друзья́ (*friends*), студе́нт, ты, он, вы, Ле́на

🔊 **Oral Drill 3 (2. Понима́ть)** Practice conjugating the verb **понима́ть** by saying that the people listed understand Russian.

> Мы понима́ем по-ру́сски.
>
> он ➡ И он понима́ет по-ру́сски.

ма́ма, я, мы, мои́ роди́тели, э́ти студе́нты, ты, она́, вы, э́тот бизнесме́н

🔊 **Oral Drill 4 (2. Изуча́ть)** Practice conjugating the verb **изуча́ть** by saying that the people listed study French.

> Вы изуча́ете францу́зский язы́к.
>
> Бори́с ➡ И Бори́с то́же изуча́ет францу́зский язы́к.

ты, они́, Анна, мы, я, вы, Ви́ктор, ру́сские

Oral Drill 5 (2. Жить) Practice conjugating the verb **жить** by saying that the people listed live in different Russian cities.

> Кто где живёт?
>
> Я (Москва) ➡ Я живу́ в Москве́.

Ле́на (Смоле́нск), её роди́тели (Воро́неж), ты (Калу́га), на́ши друзья́ (Омск), их семья́ (Ту́ла), он (Краснода́р), мы (Санкт-Петербу́рг), вы (Сара́тов), я (Москва́)

Oral Drill 6 (2. Писа́ть and 3. Говори́ть) Practice conjugating the verbs **писа́ть** and **говори́ть** by asking if the people listed write Russian and answering that they only speak Russian.

> Вы ➡ Вы пи́шете по-ру́сски?
>
> — Нет, я то́лько говорю́ по-ру́сски.

ва́ша сестра́, Даньёл, ты, америка́нские студе́нты, вы, он, они́, она́, Джим Бра́ун, Джим и Ли́нда

Oral Drill 7 (3. Говори́ть and 5. Adverbs) Tell how well the people listed speak Russian.

> Я — хорошо́ ➡ Я хорошо́ говорю́ по-ру́сски.

Ке́лли — пло́хо	Ли — ме́дленно
ты — непло́хо	Фред — свобо́дно
я — дово́льно хорошо́	вы — о́чень хорошо́
мы — немно́жко	бизнесме́ны — бы́стро

Oral Drill 8 (4. Past tense) Say that the people in question did the action mentioned.

> Он живёт в Москве́. ➡ Он жил в Москве́.

Мы живём в общежи́тии.	Ты изуча́ешь ру́сский язы́к.
Он зна́ет ру́сский язы́к.	Они́ говоря́т по-ру́сски.
Они́ чита́ют хорошо́.	Студе́нты у́чатся здесь.
Вы пи́шете по-испа́нски.	Све́та изуча́ет испа́нский язы́к.
Я понима́ю по-ру́сски.	Ро́берт у́чится хорошо́.
Она́ у́чится в шко́ле.	

🔊 **Oral Drill 9 (4. Past tense)** Answer the questions about what you do or used to do. If the cue is **сейча́с**, answer that you are doing the action now. If there is no cue, answer that you used to do it.

Вы . . .

зна́ете ру́сский язы́к? (сейча́с)
говори́те по-испа́нски?
пи́шете по-англи́йски? (сейча́с)
чита́ете бы́стро по-неме́цки?
понима́ете по-япо́нски? (сейча́с)
живёте в Колора́до?
у́читесь в университе́те? (сейча́с)
изуча́ете языки́?

🔊 **Oral Drill 10 (6. Говори́ть по-_____ски)** Ask who speaks these languages.

> Кто говори́т по-англи́йски?
>
> по-ру́сски ➡ Кто говори́т по-ру́сски?

по-францу́зски, по-италья́нски, по-испа́нски, по-неме́цки, по-кита́йски, по-япо́нски, по-ара́бски

🔊 **Oral Drill 11 (6. Знать _____-ский язы́к)** Anya is multilingual. Answer *yes* to the following questions.

> Аня зна́ет ру́сский язы́к? ➡ Да, она́ зна́ет ру́сский язы́к.

Аня зна́ет испа́нский язы́к?
Аня зна́ет италья́нский язы́к?
Аня зна́ет ара́бский язы́к?
Аня зна́ет япо́нский язы́к?
Аня зна́ет неме́цкий язы́к?
Аня зна́ет кита́йский язы́к?

🔊 **Oral Drill 12 (6. Языки́)** Practice the form of languages used after the various verbs.

> изуча́ю ➡ Я изуча́ю ру́сский язы́к.
>
> говорю́ ➡ Я говорю́ по-ру́сски.

зна́ю, чита́ю, понима́ю, пишу́, говорю́, изуча́ю

🔊 **Oral Drill 13 (6. Языки́)** Practice asking questions to find out what languages someone knows.

говори́ть ➡	На каки́х языка́х вы говори́те?
изуча́ть ➡	Каки́е языки́ вы изуча́ете?

понима́ть, изуча́ть, говори́ть, чита́ть, знать, писа́ть

🔊 **Oral Drill 14 (6. Языки́)** Answer the questions supplying the correct forms of the words in parentheses.

— Па́вел чита́ет по-испа́нски? (писа́ть – испа́нский)

— Нет, он пи́шет по-испа́нски.

Ле́на пи́шет по-англи́йски? (говори́ть – англи́йский)
Серге́й понима́ет по-неме́цки? (знать – францу́зский)
Ро́берт зна́ет ру́сский язы́к? (изуча́ть – украи́нский)
Вы хорошо́ чита́ете по-кита́йски? (немно́го знать – япо́нский)
Та́ня свобо́дно говори́т по-италья́нски? (изуча́ть – испа́нский)
Ба́рбара изуча́ет болга́рский язы́к? (непло́хо – понима́ть – че́шский)
Роди́тели говоря́т по-ру́сски? (чита́ть – по́льский)

🔊 **Oral Drill 15 (7. Национа́льность)** Guess the following people's nationalities based on where they live.

Алёша живёт в Росси́и. ➡	Зна́чит, он ру́сский?
Джа́нет и Пи́тер живу́т в Англии. ➡	Зна́чит, они́ англича́не?

Ха́нна живёт в Аме́рике.
На́дя и Вале́ра живу́т в Росси́и.
Джон живёт в Кана́де.
Мы живём в Украи́не.
Мари́я живёт в Испа́нии.
Лю́си и Жан живу́т во Фра́нции.
Джейн живёт в Англии.
Ник живёт в Аме́рике.
Карине́ живёт в Арме́нии.
Ва́дик и Оля живу́т в Росси́и.

🔊 **Oral Drill 16 (8. В + prepositional case)** Tell where the following people live.

Пе́тя — Москва́	➡	Пе́тя живёт в Москве́.
Ната́ша – Ки́ев	➡	Она́ живёт в Ки́еве.

Же́ня — Москва́
Со́ня — Тбили́си
Жан — Фра́нция
Илья́ — Санкт-Петербу́рг
Де́йвид — Нью-Йо́рк
Са́ша — Росси́я
Ке́вин — Но́вая Англия
Кэ́трин — Чика́го

🔊 **Oral Drill 17 (8. В + prepositional case)** Ask who lives in the following places.

большо́е общежи́тие	➡	Кто живёт в большо́м общежи́тии?

но́вый дом, но́вая кварти́ра, больши́е дома́, больша́я кварти́ра, хоро́шее общежи́тие, ста́рый дом, ста́рые общежи́тия, хоро́шие кварти́ры, краси́вый го́род, большо́й штат

🔊 **Oral Drill 18 (8. В + prepositional case)** In order to practice the prepositional case, claim to be students at the following places.

но́вая шко́ла	➡	Мы у́чимся в но́вой шко́ле.

хоро́шая шко́ла, большо́й университе́т, но́вые университе́ты, ма́ленькая шко́ла, ста́рый университе́т, больши́е шко́лы

🔊 **Oral Drill 19 (8. О + prepositional case and prepositional plural)** Say you are speaking about the person mentioned in the prompt.

э́тот бизнесме́н	➡	Я говорю́ об э́том бизнесме́не.

э́тот ру́сский профе́ссор, наш дом, твой оте́ц, э́та студе́нтка, америка́нец, ваш го́род, францу́з, её оте́ц, его́ журна́л, их газе́ты, моя́ кварти́ра, твоя́ семья́, э́ти студе́нты, ру́сские преподава́тели, но́вые музе́и, э́ти америка́нские бизнесме́ны, интере́сные кни́ги, ста́рые словари́, но́вые слова́, мой роди́тели, на́ши общежи́тия

Числительные

You already know numbers 1–49. You will now learn to recognize numbers 50 to 199. Listen to the recording and look at the tables. Pay attention to the effects of vowel reduction, as indicated in the right-hand column of the first box. When you have completed your listening, mark accordingly.

50	пять + деся́т	pronounced **пидися́т**
51	пять + деся́т + оди́н	pronounced **пидися́т ади́н**
60	шесть + деся́т	pronounced **шы́здися́т**
70	се́мь + десят	pronounced **се́мдисит**
80	во́семь + десят	pronounced **во́симдисит**
90	девяно́сто	pronounced **дивино́ста**
100	сто	pronounced as spelled

51	пятьдеся́т оди́н	10	де́сять
52	пятьдеся́т два	20	два́дцать
53	пятьдеся́т три	30	три́дцать
54	пятьдеся́т четы́ре	40	со́рок
55	пятьдеся́т пять	50	пятьдеся́т
56	пятьдеся́т шесть	60	шестьдеся́т
57	пятьдеся́т семь	70	се́мьдесят
58	пятьдеся́т во́семь	80	во́семьдесят
59	пятьдеся́т де́вять	90	девяно́сто
60	шестьдеся́т	100	сто
128	сто два́дцать во́семь	155	сто пятьдеся́т пять

❑ Yes, I have completed this activity.

❑ No, I have not completed this activity.

🔊 **03-02. Адрес**á. Listen to the addresses on the recording and look at the map provided. Then fill in the blanks. The first two are provided for you as examples.

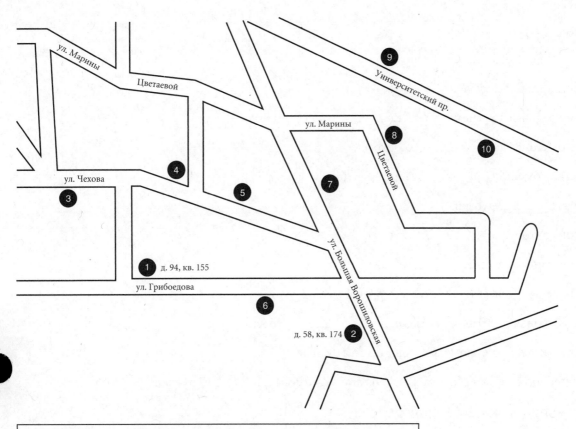

1. ýлица Грибоéдова, дом 94, кварти́ра 155

2. Больша́я Вороши́ловская ýлица, дом 58, кварти́ра 174

3. ул. Чéхова, д. _____, кв. _____

4. ул. Чéхова, д. _____, кв. _____

5. ул. Чéхова, д. _____, кв. _____

6. ул. Грибоéдова, д. _____, кв. _____

7. Больша́я Вороши́ловская, д. _____, кв. _____

8. ул. Мари́ны Цвета́евой, д. _____, кв. _____

9. Университéтский пр., д. _____, кв. _____

10. Университéтский пр., д. _____, кв. _____

🔊 **03-03. Что ско́лько сто́ит?** Jot down the prices of these items.

1. Батаре́йка _____ рубле́й

2. Хот-до́г _____ рубле́й

3. Ча́шка ко́фе _____ рубле́й

4. Ру́чка _____ рубле́й

5. Журна́л «Но́вые перспекти́вы» _____ рубля́

6. Напи́ток «Кока-ко́ла» _____ рубле́й

7. Туале́тная бума́га (1 руло́н) _____ рубля́

8. DVD _____ рубле́й

9. Биле́т на авто́бус _____ рубля́

10. Биле́т в кинотеа́тр _____ рубле́й

11. Зубна́я па́ста «Ко́лгейт» _____ рубля́

12. Компью́терная програ́мма «Лексико́н» _____ рубле́й

13. Прое́зд на такси́ (3 киломе́тра) _____ рубле́й

14. Разгово́р по телефо́ну Москва́–Вашингто́н (2 мину́ты) _____ рублей

15. Газе́та «Армия» _____ рубле́й

16. Масса́ж _____ рубле́й

17. Компа́кт-диск _____ рубле́й

18. Ма́ленький а́нгло-ру́сский слова́рь _____ рубле́й

19. Калькуля́тор _____ рубле́й

20. Коро́бка карандаше́й _____ рубле́й

⬤ Фонетика и интонация

🔊 **03-04.** **Yes–No Questions.** *Intonation contour 3 (IC-3).* Listen to the information on IC-3 for yes-no questions. When you have completed your listening and have copied the intonation of these questions as closely as possible, mark accordingly.

Think of how you would ask the following questions in English.

Is that your book? (*a book?*)   Is that your book? (*yours?*)

You can imagine that your intonation rises steadily on the word in question.

In Russian yes-no questions, the intonation also rises on the word in question, but it rises sharply (one full musical octave!) and then falls abruptly. This intonation contour is called IC-3.

Это ва́ша кни́га?   **Это ва́ша кни́га?**

⬤ Remember that in Russian questions with question words, the question word is pronounced with a falling intonation (IC-2), whereas in yes-no questions, the intonation rises sharply on the word that is being questioned and then falls abruptly.

Чья э́то кни́га?

☐ Yes, I have completed this activity.

☐ No, I have not completed this activity.

🔊 **03-05.** Listen to the questions. Determine whether you hear IC-2 or IC-3. When you hear an IC-3 intonation, select the word(s) emphasized.

1. (IC- ____)   Где ва́ш чемода́н?

2. (IC- ____)   У вас есть те́хника?

3. (IC- ____)   Чей э́то чемода́н?

4. (IC- ____)   Это ваш чемода́н?

5. (IC- ____)   Фотоаппара́т есть?

6. (IC- ____)   Что э́то?

7. (IC- _____)   Како́й?

8. (IC- _____)   Каки́е у вас пода́рки?

9. (IC- _____)   Что в чемода́не?

10. (IC- _____)   Но́вый диск есть?

03-06. Listen to the questions on the recording again, imitating the intonation as closely as you can. When you have completed your listening and have copied the intonation of these questions as closely as possible, mark accordingly.

1. Где ваш чемодан?

2. У вас есть техника?

3. Чей это чемодан?

4. Это ваш чемодан?

5. Фотоаппарат есть?

6. Что это?

7. Какой?

8. Какие у вас подарки?

9. Что в чемодане?

10. Новый диск есть?

❏ Yes, I have completed this activity.

❏ No, I have not completed this activity.

03-07. Review the rules for pronouncing unstressed **я** and **е** from the Alphabet unit in the textbook, summarized in the recording. Listen to the recording and imitate the pronunciation of these words as closely as you can. When you have completed your listening and are satisfied with your pronunciation, mark accordingly.

unstressed **я** ➝ [I]	unstressed **е** ➝ [I]

францу́зский язы́к   неме́цкий язы́к
каки́е языки́   неплóхо
по-япóнски   немнóго
                                 мéдленно

❏ Yes, I have completed this activity.

❏ No, I have not completed this activity.

● Письменные упражнения

03-08. (**2. Знать**) Write in the needed form of the verb **знать**.

1. — Миша и Маша _____ французский язык?

   — Миша _____ французский язык, а Маша _____ немецкий.

2. — Кто _____ русский язык?

   — Я его _____.

3. — Анна Петровна, вы _____ английский язык?

4. Мы не _____ китайский язык, но Боря его _____.

5. Ты _____ японский язык?

03-09. (**2. Читать**) Write in the correct form of the verb **читать**.

1. — На каких языках _____ Андрей?

   — Он _____ по-русски и по-итальянски.

2. — Ты _____ по-русски?

   — Да, _____.

3. — Кто _____ по-испански?

   — Мы _____ по-испански.

4. — Вы _____ по-французски?

   — Нет, но родители _____ по-французски.

03-10. (**2. Жить, review of prepositional case of nouns**) Write sentences telling where the following people live. Follow the model. Be sure to use **во** instead of **в** when appropriate.

Маша — Москва ➡ Маша живёт в Москве.

1. Вадим — Киев   _____

2. Лора — Молдова   _____

3. Хуан и Мария — Испания _____

4. мы — Америка   _____

5. вы — Франция   _____

6. ты — Флорида   _____

7. Томас — Филадельфия   _____

03-11. (**2. Жить, review of prepositional case of nouns**) Write sentences telling where the following people live, using the cues provided. Be sure to use **во** instead of **в** when appropriate.

1. президент — ? _____

2. родители — ? _____

3. я — ? _____

03-12. (**2. Писать**) Write sentences telling who writes in what language. Follow the model.

Masha — Ukrainian ➡ Маша пишет по-украински.

1. parents — English _____

2. businessperson — Russian _____

3. you — French _____

4. we — German _____

5. Vera — Spanish _____

03-13. (**2. Е/Ё-conjugation verbs**) Fill in the blanks with the correct forms of the verbs provided.

жить   знать   изучать   понимать   читать

1. — Какие языки вы [*know*] _____?

   — Я [*read*] _____ по-немецки и по-английски, но плохо [*understand*] _____.

   — А родители [*know*] _____ немецкий?

   — Нет, они его не [*know*] _____. Мама немного [*understands*]
   _____ по-французски.

2. — Какие языки вы [*understand*] _____?

   — Я [*understand*] _____ по-русски и по-испански. Я их [*study*]
   _____ в университете.

3. Мэри [*lives*] _____ во Франции, но она плохо [*knows*] _____
   французский язык. Она довольно хорошо [*understands*] _____, но плохо
   [*reads*] _____.

4. — Ваши родители [*live*] _____ в Испании? Значит, они [*know*]
   _____ испанский язык?

   — Они очень хорошо [*understand*] _____ по-испански.

03-14. **(3. И-conjugation verbs)** Supply the correct forms of the verb **говорить**.

1. — Вы _____ по-русски?

   — Да, _____.

2. Ты _____ по-немецки?

3. Дома мы _____ по-английски.

4. Американский президент не _____ по-русски.

5. Я немножко _____ по-украински.

6. Наши родители _____ по-французски.

03-15. **(4. Past tense)** Write that the following people **did** the following things.

1. Вера раньше [жить] _____ в Латвии.

2. Родители [учиться] _____ в Бостоне.

3. Студенты обычно медленно [говорить] _____ по-русски.

4. Что вы [изучать] _____ в университете?

5. Джон раньше плохо [понимать] _____ по-французски.

6. Мэри быстро [писать] _____ по-немецки.

7. В школе ты хорошо [читать] _____ по-английски?

8. Я [учиться] _____ в России и в Америке.

03-16. **(6. Языки)** Advanced students doing research or language training in Russia are called **стажёры**. In the following paragraphs about two American **стажёры** and one of their teachers, fill in the blanks with **по-русски** or **русский язык** as arpropriate.

Американские стажёры хорошо знают (1) _____. Они изучают (2) _____ в Америке и в России. Джим Браун свободно говорит (3) _____. Он говорит (4) _____ в общежитии. Он хорошо знает (5) _____. Линда Дейвис тоже хорошо говорит (6) _____. Она свободно читает и пишет (7) _____.

Анна Петровна преподаёт (*teaches*) русский язык в институте. Она читает лекции (8) _____.

03-17. (6. Языки — personalized) Refer to the partial list of languages that are commonly taught in the United States in the **Точка отсчёта** section of the textbook, **Урок 3**. Check languages that are relevant to you and write ten sentences describing what you, your family members, and anyone else you can think of (writers, actors, politicians, etc.) can do in these languages and how well. The verbs and adverbs below will help.

Adverbs		**Verbs**
свободно	немного	говорить
очень хорошо	немножко	знать
хорошо	медленно	писать
неплохо	быстро	понимать
плохо		читать

1. _____

2. _____

3. _____

4. _____

5. _____

6. _____

7. _____

8. _____

9. _____

10. _____

03-18. (2. – 6. **Review**) Translate into Russian.

1. What languages do you know?

   _____

2. Who writes French?

   _____

3. We do not understand Arabic.

   _____

4. Tamara speaks a little English.

   _____

5. The students read and write Chinese pretty well.

   _____

6. I study Russian and Ukrainian.

   _____

7. Do they speak Italian?

   _____

8. Jim understands German very well.

   _____

03-19. (7. **Национальность**) Fill in the blanks with the appropriate word.

1. Джон американец. Его мама тоже _____.

2. Мария испанка. Её родители тоже _____.

3. Дима и Ваня русские. Их папа тоже _____.

4. Жан француз. Его мама тоже _____.

5. Кэтлин англичанка. Её родители тоже _____.

6. Дейвид канадец. Его родители тоже _____.

7. Мин-Ли китаянка. Её папа тоже _____.

8. Оксана украинка. Её папа тоже _____.

03-20. (**7. Национальность — personalized**) Answer the question Кто . . . по национальности? for the people indicated.

1. Моя мама _____.

2. Мой папа _____.

3. Я _____.

03-21. (**8. Prepositional case**) Indicate all the words that are in the prepositional case.

1. Мария мексиканка. Её родители тоже мексиканцы. Они живут в Мексике.

2. В университете Марк и Джон говорят по-русски, но дома они говорят по-английски.

3. Я учусь в хорошем университете в штате Нью-Йорк.

4. Студенты в этом университете живут в больших общежитиях.

5. Они говорят о России и о русских городах.

03-22. (**8. Prepositional case**) Following the model, tell where the following people live. Check the appropriate box for endings affected by the 5-letter spelling rule and 7-letter spelling rule.

Катя — новый дом ➡ Катя живёт в новом доме.

	5-letter rule	7-letter rule
1. Мы — большое общежитие	a. ❑	b. ❑
2. Соня — хороший дом	a. ❑	b. ❑
3. Михаил — большой дом	a. ❑	b. ❑
4. Студенты — маленькие общежития	a. ❑	b. ❑
5. Дима — новая квартира	a. ❑	b. ❑
6. Лена и Наташа — старые дома	a. ❑	b. ❑
7. Хью — Новая Англия	a. ❑	b. ❑
8. Сэм — хорошая квартира	a. ❑	b. ❑
9. Сергей и Виктор — большие квартиры	a. ❑	b. ❑

03-23. **(8. Prepositional case)** Answer the questions using the words given in parentheses.

> — В каком городе вы живёте (маленький город)?
>
> — Я живу в маленьком городе.

1. В каком городе ты жил? (старый русский город)

    _____

2. В каких школах они учатся? (хорошие школы)

    _____

3. В какой квартире живут Света и Игорь? (новая квартира)

    _____

4. В каком университете вы учились? (хороший, большой университет)

    _____

5. В каких домах живут эти бизнесмены? (красивые дома)

    _____

6. В каком колледже они учатся? (маленький колледж)

    _____

03-24. **(8. Prepositional case)** Various strangers have met on the Internet and agreed to meet in the metro. How will they find each other? Describe what they're wearing: for each person choose at least two items of clothing and at least two colors.

Образец: Катя в красной блузке и чёрных брюках.

1. Оля: _____

2. Владимир Владимирович: _____

3. Мила: _____

4. Ирина Михайловна: _____

5. Виктор П.: _____

6. Женя М. (он): _____

7. Женя Л. (она): _____

8. Елена Кудряшова: _____

Цвета	Одежда
красный	блузка
чёрный	ботинки
жёлтый	брюки
белый	галстук
зелёный	джинсы (*pl.*)
серый	костюм
голубой	кроссовки (*pl.*)
коричневый	куртка
синий	майка
бежевый	очки
фиолетовый	пальто
оранжевый	пиджак
розовый	платье
	рубашка
	сапоги (*pl.*)
	свитер
	туфли
	футболка
	шапка
	юбка

03-25. (**8. О vs. об**) Fill in the correct form of **о** or **об** to complete the sentence **Мы говорим** . . .

1. _____ нашем новом преподавателе

2. _____ этой хорошей студентке

3. _____ интересной газете

4. _____ его семье

5. _____ их уроке

6. _____ её школе

03-26. **(8. Prepositional case)** Fill in the blanks with the correct forms of the words given.

— Маша! Я ничего не знаю о [твои родители] (1) _____. Где они живут? Кто они по

профессии?

— Папа преподаватель в [институт] (2) _____. Мама секретарь в [Гуманитарный

университет] (3) _____ _____.

— Я ничего не знаю [о/об] (4) ____ [этот университет] (5) _____.

— Это большой университет в [Москва] (6) _____.

03-27. **(Pulling it all together)** Fill in the blanks with correct forms of the given words.

Здравствуйте! Меня зовут Андрей. [*I live*] (1) _____ в [большой город]

(2) _____, который называется Харьков. Мама у меня [*Russian*]

(3) _____, а папа [*Ukrainian*] (4) _____. Дома мы [*speak*]

(5) _____ [*Russian*] (6) _____. Папа у меня настоящий полиглот.

Он хорошо [*knows*] (7) _____ [*Russian*] (8) _____, [*Ukrainian*]

(9) _____ и [*English*] (10) _____ [*languages*] (11) _____,

неплохо [*reads*] (12) _____ и [*writes*] (13) _____ [*French*]

(14) _____ и [*Spanish*] (15) _____. Я [*study*]

(16) _____ [*English*] (17) _____ [*at the university*]

(18) _____. Пока ещё [*(I) speak*] (19) _____ [*badly*]

(20) _____ и [*understand*] (21) _____, только когда [*(they) speak*]

(22) _____ [*slowly*] (23) _____. Но у меня сейчас новый друг,

[*(an) American*] (24) _____, и мы говорим только [*English*] (25) _____.

03-28. (Pulling it all together) **Национальности и языки России.** In the Russian version of Wikipedia, look up any five of the autonomous republics of the Russian Federation shown below (except Kalmykiya, which is used in the example). Find out the top two nationalities and the state languages (**государственные языки**) spoken there. Then create a short statement resembling the example.

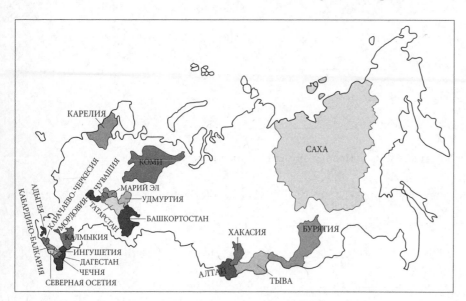

From the Russian Wikipedia page Калмыкия. Search for **население** – *population* or **национальный состав** – *ethnic makeup* and **государственный язык** or **государственные языки**.

НАСЕЛЕНИЕ И НАЦИОНАЛЬНЫЙ СОСТАВ

Народ	**1959 год тыс. чел.** [3]	**1970 год тыс. чел.** [4]	**1979 год тыс. чел.** [5]	**1989 год тыс. чел.** [6]	**2002 год тыс. чел.** [7]
Калмыки	64,9 (35,1 %)	110,3 (41,1 %)	122,2 (41,5 %)	146,3 (45,4 %)	155,9 (53,3 %)
Русские	103,3 (55,9 %)	122,8 (45,8 %)	125,5 (42,6 %)	121,5 (37,7 %)	98,1 (33,6 %)

Государственный язык: русский, калмыцкий

Your statement:

В Калмыкии живут калмыки и русские. Там говорят по-калмыцки и по-русски.

1. _____

2. _____

3. _____

4. _____

5. _____

03-29. Сочинение: Какие языки они знают? Write a short composition about the nationality and knowledge of languages of anyone you choose — your parents, a friend, favorite pop star, or literary character. Give as much information as you can, keeping within the bounds of the Russian you know. Use a separate sheet of paper if you are not using MyRussianLab.

03-30. Сочинение: Интересная работа! Write a cover letter to a potential employer who is seeking a secretary (**секретарь**), a translator (**переводчик**), or a programmer (**программист**) who knows several languages. Remember to open your letter with **Уважаемый/Уважаемая** (*Respected . . .*) instead of the less formal **Дорогой/Дорогая** (*Dear . . .*). Close the letter with the formal **С уважением** (*With respect . . .*) before your signature. Give as much information as you can, keeping within the bounds of the Russian you know. Use a separate sheet of paper if you are not using MyRussianLab.

Видео

Упражнения к видео

🎬 **03-31. Новые слова.** Select the words and phrases you hear in the video. They are given in order of their first appearance in the video.

❏ **лу́чше всего́** – best of all

❏ **ху́же всего́** – worst of all

❏ **Мы то́лько что на́чали его́ изуча́ть.** – We just started studying it.

❏ **учи́ть (учу́, у́чишь, у́чат,** *по* **-ся)** = **изуча́ть.**

❏ **Мое́й профе́ссией явля́ется учи́тель** – my profession is as a teacher of . . .

❏ **когда́-то** – there was a time when . . .

❏ **бро́сить (бро́сил, бро́сила, бро́сили)** – to quit; to drop (a course, an activity)

❏ **Ничему́ не научи́лась.** – I learned nothing.

🎬 **03-32. Кто что изучал?** Check the boxes for the languages that each of these people studied.

Языки:

анг. – английский	**фин.** – финский
исп. – испанский	**фра.** – французский
нем. – немецкий	**швед.** – шведский
рус. – русский	**эст.** – эстонский

1. Аня (Ярославль) ❏ анг. ❏ исп. ❏ нем. ❏ рус. ❏ фин. ❏ фран. ❏ швед. ❏ эст.

2. Александр (Саша) ❏ анг. ❏ исп. ❏ нем. ❏ рус. ❏ фин. ❏ фран. ❏ швед. ❏ эст.

3. Валерия ❏ анг. ❏ исп. ❏ нем. ❏ рус. ❏ фин. ❏ фран. ❏ швед. ❏ эст.

4. Аня (С.-Петербург) ❏ анг. ❏ исп. ❏ нем. ❏ рус. ❏ фин. ❏ фран. ❏ швед. ❏ эст.

5. Инна ❏ анг. ❏ исп. ❏ нем. ❏ рус. ❏ фин. ❏ фран. ❏ швед. ❏ эст.

03-33. Полиглот. Inna's sister knows many languages. Listen to the video carefully and answer the following question:

1. Какой язык она НЕ знает или изучает?

   a. английский

   b. испанский

   c. немецкий

   d. русский

   e. финский

   f. французский

   g. шведский

   h. эстонский

03-34. В Архангельске . . . Not all the statements about all these people from Arkhangelsk are true. For each person check the statement that is **NOT** true!

To complete this exercise, you will need to understand the phrases *first grade, second grade, third grade, fourth grade,* and *fifth grade*:

первый класс

второй класс

третий класс

четвёртый класс

пятый класс

1. What is **NOT** true of Lena Kudriashova?

   a. She speaks English.

   b. She reads Swedish.

   c. She knows a bit of Danish.

   d. She understands some Norwegian.

2. What is **NOT** true of Yura Kudriashov?

   a. He speaks English.

   b. He knows Russian.

   c. He knows some Scandinavian languages.

3. What statement about Sasha Kudriashova is **FALSE?**

   a. She knows Norwegian.

   b. She now takes French.

   c. She has been in England.

   d. She has taken English for 13 years.

4. What was **NOT** said about Tanya Kudriashova?

   a. She now takes French.

   b. She has been in Spain.

   c. She knows a little German.

   d. She started English in second grade.

5. What is **NOT** true of Mikhail Opyonkov?

a. His English is bad.

c. He just started French.

b. His German is okay.

d. His first foreign language was German.

6. What statement about Olga Pospelova is **FALSE?**

a. Her French is okay.

c. She took English in college.

b. She just started French.

d. Her first foreign language was German.

03-35. Александр Морозов учится в Москве. Какие языки он знает? Listen to the portion of the video about Alexander Morozov and answer the following questions.

1. Какой язык Александр изучал в школе, но уже не изучает?

a. английский

c. испанский

b. французский

d. украинский

2. Какой язык Александр сейчас изучает?

a. английский

c. испанский

b. французский

d. украинский

3. Что говорит Александр о языках? Я плохо говорю _____.

a. по-английски

c. по-испански

b. по-французски

d. по-украински

4. По-английски я _____.

a. говорю плохо

c. говорю и понимаю

b. читаю и пишу

d. читаю хорошо

Университет

Устные упражнения

🔊 **Oral Drill 1 (1. Учи́ться)** Say that the following people go to college.

Ва́ня	➡	Ва́ня у́чится в университе́те.
Я	➡	Я учу́сь в университе́те.

мы, ты, я, Анна, на́ши сосе́ди, вы, Ко́стя, они́

🔊 **Oral Drill 2 (1. Учи́ться, рабо́тать)** Ask whether the following people go to school or work.

Вы	➡	Вы у́читесь и́ли рабо́таете?
Евге́ний	➡	Евге́ний у́чится и́ли рабо́тает?

ты, э́та америка́нка, Лю́да и Ольга, вы, Джим, наш сосе́д

🔊 **Oral Drill 3 (2. –3. Учи́ться на како́м ку́рсе)** Tell what class these college students are in.

На како́м ку́рсе у́чится Аня? — пе́рвый	➡	Она́ у́чится на пе́рвом ку́рсе.

Пе́тя — второ́й
Ната́ша — тре́тий
Дми́трий — четвёртый
Со́ня — пя́тый
Кири́лл — аспиранту́ра
вы — ?

🔊 **Oral Drill 4 (2. Prepositional case + на, vocabulary review)** Tell in what department the following instructors work.

> Мари́я Ива́новна — истори́ческий ➡️
>
> Мари́я Ива́новна рабо́тает на истори́ческом факульте́те.

Макси́м Дми́триевич — экономи́ческий
Алла Васи́льевна — юриди́ческий
Мари́на Ива́новна — медици́нский
Кири́лл Петро́вич — филологи́ческий
Анна Ефи́мовна — математи́ческий

🔊 **Oral Drill 5 (2. Prepositional case + на, vocabulary review)** Indicate these students' majors. Remember, Russian students enroll in a particular department.

> — Марк и Вади́м у́чатся на истори́ческом факульте́те? ➡️
>
> — Да, их специа́льность — исто́рия.

Ка́тя и Стёпа у́чатся на филосо́фском факульте́те?
Са́ша и Алёша у́чатся на филологи́ческом факульте́те?
Ди́ма и Ге́на у́чатся на экономи́ческом факульте́те?
Кири́лл и Со́ня у́чатся на юриди́ческом факульте́те?

🔊 **Oral Drill 6 (3. Занима́ться, review of prepositional case to tell where)** Tell where the following people study (do their homework).

> Аня — библиоте́ка ➡️ Аня занима́ется в библиоте́ке.

Пе́тя — общежи́тие
мы — кварти́ра
они́ — библиоте́ка
ты — дом
вы — общежи́тие
я — ?

🔊 **Oral Drill 7 (3. Изуча́ть что)** Ask what subjects the following people are studying.

> Ива́н ➡️ Что изуча́ет Ива́н?
>
> Вы ➡️ А что вы изуча́ете?

ты, он, Та́ня, Джим, студе́нты, америка́нцы, стажёры, она́, они́, студе́нт

Oral Drill 8 (4. Accusative case) Student 1 claims to study each of the following subjects. Student 2 then asks whether student 1 really knows that subject.

исто́рия ➡	*Студе́нт 1:* Я изуча́ю исто́рию.
	Студе́нт 2: А ты хорошо́ зна́ешь исто́рию?

матема́тика, филосо́фия, хи́мия, фи́зика, эконо́мика, медици́на, политоло́гия, междунаро́дные отноше́ния, психоло́гия, юриспруде́нция, ру́сский язы́к, америка́нская литерату́ра

Oral Drill 9 (4. Accusative case) Claim to read the following things.

— Что вы чита́ете? но́вая кни́га ➡	— Я чита́ю но́вую кни́гу.

америка́нская газе́та, ста́рый журна́л, «Телеспу́тник», твоя́ кни́га, неме́цкий журна́л, наш уче́бник, «Аргуме́нты и фа́кты», «Росси́я», интере́сная статья́

Oral Drill 10 (5. Люби́ть) Tell what the following people like.

ма́ма — литерату́ра ➡	Ма́ма лю́бит литерату́ру.

студе́нты — политоло́гия
брат — неме́цкий язы́к
мы — ру́сская му́зыка
сестра́ — америка́нские фи́льмы
вы — психоло́гия
преподава́тель — Росси́я
ты — компью́теры
роди́тели — европе́йская исто́рия
я — ?

Oral Drill 11 (5. Люби́ть) Answer the questions affirmatively.

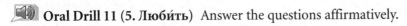

Мари́на лю́бит учи́ться?	➡	Да, она́ лю́бит учи́ться.
Пе́тя и Серге́й лю́бят англи́йский язы́к?	➡	Да, они́ лю́бят англи́йский язы́к.

Вы лю́бите филосо́фию?
Сосе́д лю́бит изуча́ть францу́зский язы́к?
Ми́ша и Ка́тя лю́бят занима́ться до́ма?
Профе́ссор лю́бит чита́ть америка́нскую литерату́ру?
Оте́ц лю́бит спорт?
Роди́тели лю́бят жить во Фло́риде?
Ты лю́бишь иностра́нные языки́?
Сестра́ лю́бит говори́ть по-ру́сски?

Oral Drill 12 (6. Pronouns in prepositional case) Say that Katya talks about everybody.

— Ка́тя говори́т о ма́ме?	➡	— Да, она́ говори́т о ней.
— Ка́тя говори́т о вас?	➡	— Да, она́ говори́т обо мне.

Ка́тя говори́т . . .

об университе́те, о семье́, о письме́, об америка́нцах, о ле́кции, об отце́, о роди́телях, о вас, обо мне, о нас, о тебе́

Oral Drill 13 (7. Question words and sentence expanders) Practice giving your opinion as in the model.

Это интере́сный курс.	➡	Я ду́маю, что э́то интере́сный курс.

Это хоро́ший университе́т.
У меня́ интере́сная програ́мма.
Это тру́дный курс.
Наш преподава́тель хоро́ший.
Это но́вая кни́га.
Ру́сский язы́к о́чень краси́вый.

Oral Drill 14 (7. Question words and sentence expanders) A teacher asks various students all sorts of questions. None of the students answer! Follow the model.

Преподава́тель спра́шивает Са́шу, где он живёт.	➡
Он не отвеча́ет, где он живёт.	

Преподава́тель спра́шивает студе́нтку, как она́ пи́шет по-ру́сски.
Преподава́тель спра́шивает Ва́ню и Се́ню, каки́е кни́ги они́ чита́ют.
Преподава́тель спра́шивает тебя́, где ты живёшь.
Преподава́тель спра́шивает вас, что вы говори́те.

Oral Drill 15 (8. То́же vs. та́кже) Use **то́же** and **та́кже** according to the model.

— Я изуча́ю ру́сский язы́к. — А матема́тику?	➡	— Я та́кже изуча́ю матема́тику.
— Я учу́сь в университе́те. — А Анна?	➡	— Она́ то́же у́чится в университе́те.

Я зна́ю англи́йский язы́к. — А ру́сский язы́к?
Я зна́ю ру́сский язы́к. — А сосе́дка?
Я учу́сь на второ́м ку́рсе. — А э́тот студе́нт?
Я люблю́ исто́рию. — А иностра́нные языки́?
Я рабо́таю в университе́те. — А оте́ц?
Я занима́юсь в библиоте́ке. — А сосе́д?
Я занима́юсь в библиоте́ке. — А до́ма?
Я говорю́ по-испа́нски. — А по-англи́йски?

●Числительные

🔊 **04-01. Numbers 100–1000.** Listen to the recording. Note the effect of reduction on what you hear. When you have completed your listening, mark accordingly.

100	сто	600	шестьсо́т
200	две́сти	700	семьсо́т
300	три́ста	800	восемьсо́т
400	четы́реста	900	девятьсо́т
500	пятьсо́т	1000	ты́сяча

❏ Yes, I have completed this activity.

❏ No, I have not completed this activity.

🔊 **04-02.** Now write down the hundreds numbers.

1. _____   10. _____
2. _____   11. _____
3. _____   12. _____
4. _____   13. _____
5. _____   14. _____
6. _____   15. _____
7. _____   16. _____
8. _____   17. _____
9. _____   18. _____

🔊 **04-03.** Phone numbers in large cities have seven digits as in North America. However, many Russians read phone numbers not individually, but in groups of hundreds, tens, and tens, for example, two hundred forty-three, fifty-six, seventeen. Jot down the following phone numbers.

1. Ди́ма _____ - _____ - _____   5. Со́ня _____ - _____ - _____   9. Аня _____ - _____ - _____

2. Ка́тя _____ - _____ - _____   6. Ко́ля _____ - _____ - _____   10. Ира _____ - _____ - _____

3. Та́ня _____ - _____ - _____   7. Са́ша _____ - _____ - _____   11. Да́ша _____ - _____ - _____

4. Ва́ня _____ - _____ - _____   8. Бо́ря _____ - _____ - _____   12. Ми́ша _____ - _____ - _____

Фонетика и интонация

Review of Units 1–3

🔊 **04-04.** Listen to the sentences on the recording and identify the type of intonation you hear. Place a period or a question mark at the end of the sentence.

1. (IC- _____) Вы но́вый стажёр__

2. (IC- _____) Како́й язы́к вы изуча́ете__

3. (IC- _____) Вы хорошо́ говори́те по-ру́сски__

4. (IC- _____) Вы чита́ете по-англи́йски__

5. (IC- _____) Кака́я у вас специа́льность__

6. (IC- _____) Где вы живёте__

7. (IC- _____) Вы понима́ете по-ру́сски__

8. (IC- _____) Джим у́чится на факульте́те ру́сского языка́__

9. (IC- _____) Что она́ чита́ет__

10. (IC- _____) Я учу́сь на второ́м ку́рсе__

🔊 **04-05.** Repeat the sentence pairs on the recording, imitating the intonation as closely as you can. Note that each pair of sentences forms a question-answer mini-dialog. When you have completed your listening, mark accordingly.

1. Вы у́читесь в университе́те?

2. *Да, я учу́сь на второ́м ку́рсе.*

3. Что вы изуча́ете?

4. *Я изуча́ю русский язы́к.*

5. Ва́ша специа́льность — ру́сский язы́к?

6. *Нет, моя́ специа́льность — ру́сская исто́рия.*

7. Вы хорошо́ говори́те по-ру́сски.

8. *Нет, я ду́маю, что я говорю́ пло́хо.*

9. Вы чита́ете по-ру́сски?

10. *Да, чита́ю.*

11. Каки́е ещё языки́ вы зна́ете?

12. *Я зна́ю францу́зский и испа́нский языки́.*

13. Где вы живёте?

14. *Я живу́ в общежи́тии.*

❏ Yes, I have completed this activity.

❏ No, I have not completed this activity.

04-06. Review the rules for pronouncing unstressed **o** and **e.** Listen to the recording and imitate the pronunciation of these words as closely as you can. Add other words you know to the list and practice their pronunciation. When you have completed your listening, mark accordingly.

unstressed **o** ➝ [a] or [ə]	unstressed **e** ➝ [ɪ]

1. профéссор
2. полúтика
3. понимáю
4. биолóгия
5. философия
6. говорю́
7. немéцкий
8. сейчáс
9. матемáтика
10. литератýра
11. телефóн
12. преподавáтель

❏ Yes, I have completed this activity.

❏ No, I have not completed this activity.

04-07. In the words below, **ь** indicates the softness (palatalization) of the preceding **л.** Recall that palatalization means pronouncing a consonant with the middle portion of the tongue raised toward the palate. Listen to the following familiar words and imitate the pronunciation of the palatalized *l*, **ль,** in these words as closely as you can. When you have completed your listening, mark accordingly.

1. специáльность
2. фильм
3. тóлько
4. факультéт
5. автомобúль
6. преподавáтель

❏ Yes, I have completed this activity.

❏ No, I have not completed this activity.

Письменные упражнения

04-08. (2. В. vs. на) Fill in the blanks with the correct preposition.

Юра учится _____ втором курсе _____ институте _____ Киеве. Там он учится _____ филологическом факультете, _____ кафедре русского языка. Живёт он _____ общежитии.

04-09. (2. В vs. на) Fill in the blanks with the correct preposition, or leave blank if no preposition is necessary.

1. _____ какой школе вы учились?

2. _____ каком университете вы учитесь?

3. _____ каком факультете вы учитесь?

4. Вы учитесь _____ четвёртом курсе или _____ аспирантуре?

5. Вы живёте _____ квартире или _____ общежитии?

6. Вы работаете _____ библиотеке или _____ дома?

04-10. (2. В vs. на + prepositional case) Fill in the blanks with needed prepositions and with adjectives and nouns in the prepositional case.

— Где вы учитесь?

— Здесь, [*in Russia*] (1) _____ , или дома, [*in America*] (2) _____? Здесь, [*in Moscow*] (3) _____ , я учусь [*in the university*] (4) _____ [*in the economics department*] (5) _____ . Дома, [*in California*] (6) _____ , я учился [*in a small university*] (7) _____ и изучал русский язык.

— А где вы живёте [*in Moscow*] (8) _____ , [*in an apartment*] (9) _____ ?

— Нет, [*in a large dorm*] (10) _____ .

— А вы только учитесь?

— Нет, я также работаю [*in our museum*] (11) _____ .

04-11. (**1. and 3. Учи́ться, занима́ться, изуча́ть**) Compose sentences from the following elements, adding prepositions where necessary. Be sure to make the verbs agree with their subjects and the modifiers agree with the nouns they modify; put the objects of the prepositions **в** and **на** in the prepositional case. Be sure to place a question mark at the end of questions.

> Саша/учиться/институт ➡ Саша учится в институте.

1. Ира/изучать/немецкий язык?

_____

_____

2. Где/вы/учиться?

_____

_____

3. Мы/учиться/большой/университет

_____

_____

4. Я/учиться/исторический/факультет

_____

_____

5. Майк и Дебби/учиться/Филадельфия

_____

_____

6. Ты/заниматься/библиотека?

_____

_____

7. Какой/курс/учиться/твой/соседи?

_____

_____

8. Кто/учиться/аспирантура?

_____

_____

04-12. **(2. В vs. на + prepositional case, 3. Учи́ться) Кто где учится или работает?** Compose sentences with the following elements in the order provided to tell who works or studies where. Follow the capitalization given.

> Саша — третий курс — Медицинский университет — Петербург ➡
>
> Саша учится на третьем курсе в Медицинском университете в Петербурге.

1. Ира — первый курс — Педагогический университет — Петербург

   _____

   _____

2. Миша — большая лаборатория — Каменская улица — Новосибирск

   _____

   _____

3. Петя — второй курс — Финансовая Академия — Москва

   _____

   _____

4. Мила — аспирантура — Ярославский государственный университет

   _____

   _____

5. родители — научный институт — улица Тихоокеанская — Хабаровск

   _____

   _____

04-13. (**1. and 3. Study verbs**) Translate into Russian.

1. I went to an old university in California.

   _____

   _____

2. Christina is a sophomore.

   _____

   _____

3. This student takes Russian.

   _____

   _____

4. Her parents work in the history department.

   _____

   _____

5. My neighbor does homework in the library.

   _____

   _____

6. We did not take French.

   _____

   _____

7. Do you study or have a job?

   _____

   _____

04-14. (1.–3. **Personalized**) Answer the following questions in complete sentences.

1. Как вас зовут?

   _____

2. Вы учитесь или работаете?

   _____

3. Где?

   _____

4. На каком курсе вы учитесь?

   _____

5. Какая у вас специальность?

   _____

6. Какие языки вы знаете?

   _____

7. Вы живёте в общежитии или в квартире?

   _____

8. А где живут ваши родители?

   _____

9. Где они учились?

   _____

04-15. (**Case review**) Review the use and meaning of the three cases you know. In the following passage, indicate in the numbered blank after each italicized word or phrase whether it is in the nominative (N), prepositional (P), or accusative (A) case.

Это *новый стажёр* (1)_____ . Его зовут *Джим Браун* (2)_____ . *Джим* (3)_____ учится в *университете* (4)_____ имени Герцена в *Петербурге* (5)_____ . *Он* (6)_____ живёт в *общежитии* (7)_____ . В *Америке* (8)_____ *Джим* (9)_____ учится на *третьем курсе* (10)_____ . *Он* (11)_____ учится на *филологическом факультете* (12)_____ . *Он* (13)_____ изучает *русский язык* (14)_____ и *литературу* (15)_____ . *Джим* (16)_____ читает *газеты* (17)_____ и *журналы* (18)_____ в *библиотеке* (19)_____ . *Он* (20)_____ слушает *записи* (21)_____ в *лингафонном кабинете* (22)_____ . У него очень *хорошая программа* (23)_____ . *Его преподаватель* (24)_____ — *Анна Петровна Костина* (25)_____ . *Анна Петровна* (26)_____ хорошо знает *русскую грамматику* (27)_____ . *Она* (28)_____ хорошо преподаёт* *русский язык* (29)_____ . *Джим* (30)_____ читает *третий урок* (31)_____ в *учебнике* (32)_____ . *Он* (33)_____ хорошо понимает *материал* (34)_____ .

*преподаёт – *teaches*

04-16. **(4. Accusative case)** Fill in the blanks with adjectives and nouns in the accusative case.

1. Президент читает [документы] _____ .

2. Русские любят читать [поэзия] _____ .

3. Американцы любят читать [техническая литература] _____

   _____ .

4. Студенты читают [новые учебники] _____ в библиотеке.

5. [Какие книги] _____ вы любите читать?

6. [Какая книга] _____ ты читаешь?

7. Вы читаете [газета] _____ или [журнал] _____ ?

8. Вы хорошо знаете [американская литература] _____

   _____ ?

9. [Какой журнал] _____ читает Маша?

10. Я читаю [интересная новая газета] _____ .

04-17. **(5. Любить)** Fill in the blanks with the correct forms of **любить.** Answer the question at the end of the paragraph in a complete sentence.

Лиза и Максим учатся в университете. Они очень (1)_____ литературу и

иностранные языки. Лиза (2)_____ читать по-английски, а Максим

(3)_____ немецкие журналы и газеты. Их родители хорошо знают французский
язык и (4)_____ французские фильмы. Мы (5)_____ их спрашивать о
французских фильмах. А что вы (6)_____ изучать в университете?

_____

_____

_____

04-18. **(6. Review of prepositional case with о)** **О чём мы думаем и говорим?** Finish the sentences on the following page. Select from the list below or choose your own topics. Change **о** to **об** when necessary.

политика
религия
наша семья
новые курсы
работа
лекции
этот университет
экономические проблемы
программы в России

1. Журналисты пишут о . . .

   _____

2. Валя пишет Елене Анатольевне о . . .

   _____

3. Я не люблю думать о . . .

   _____

4. Родители часто спрашивают о . . .

   _____

5. Почему ты не спрашиваешь о . . .

   _____ ?

6. Русский президент говорит о . . .

   _____

7. Американский президент говорит о . . .

   _____

8. Американцы любят говорить о . . .

   _____

9. Американцы не любят говорить о . . .

   _____

10. — О чём вы думаете? — Я думаю о . . .

   _____

04-19. (**6. Pronouns in prepositional case**) Answer the following questions using pronouns to replace as many words as possible.

| Вы говорите о политике? | ➡ | Да, мы говорим о ней. |
| Анна говорит о Вадиме? | ➡ | Да, она говорит о нём. |

1. Американские студенты говорят о фильмах?

   _____

2. Ирина знает об этом университете?

   _____

3. Ваши родители много спрашивают о вашей учебной программе в России? О курсах?

   _____

4. Они спрашивают о курсе русского языка?

   _____

04-20. (**6. Pronouns in prepositional case**) Answer the following questions involving the Rusian words "who" or "what" using nouns.

1. О чём вы говорите?

   _____

2. О ком вы говорите?

   _____

3. Кто о вас говорит?

   _____

04-21. (**Review of languages**) Fill in the blanks with the correct words, using the word bank provided for language phrases.

немецкий язык	французский язык	итальянский язык	английский язык
по-немецки	по-французски	по-итальянски	по-английски

— [*What languages*] (1)_____ вы знаете?

— Я [*speak French*] (2)_____ и [*read*] (3)_____ ,

   и [*write*] (4)_____ [*German*] (5)_____

   и [*English*] (6)_____ .

— Вы [*know English well*] (7)_____ ?

— Нет, моя специальность — [*French*] (8)_____ . [*French*]

   (9)_____ я [*know*] (10)_____ [*well*] (11)_____ . А вы?

— Я [*study*] (12)_____ [*French*] (13)_____ и [*Italian*]

   (14)_____ в университете, но [*speak*] (15)_____ [*French*]

   (16)_____ только [*a little*] (17)_____ .

04-22. (**7. Question words and sentence expanders**) Fill in the blanks with the conjunctions **что, где, как, какой/какие,** and **потому что.**

1. Я думаю, _____ вы хорошо знаете русский язык.

2. Она не знает, _____ он изучал французский язык, в школе или в университете.

3. Он не понимал, _____ я говорил, _____ он плохо знал русский язык.

4. Ты спрашиваешь, _____ языки мы изучаем?

5. Они не говорят, _____ они читают по-испански, быстро или медленно.

04-23. **(8. Тоже vs. также)** Complete the sentences according to the model, using **тоже** or **также** as appropriate to context.

> Антон учится в университете. (работает) ➡ Он также работает.

1. Маша читает статьи о финансовых рынках. (я)

   _____

2. Наши друзья изучают биологию. (химию)

   _____

3. Американцы учатся в Москве. (в Санкт-Петербурге)

   _____

4. В Киеве говорят по-украински. (по-русски)

   _____

5. У меня сейчас экономика. (у тебя)

   _____

6. Китайский язык трудный. (арабский язык)

   _____

04-24.   Что изучают в российских вузах? In a search engine, find the homepage of any of the colleges listed below. Then find out what subjects students can take in a given **факультет.** To do this, navigate your way to **факультеты.** You may have to scroll down further to the individual **кафедры** in each **факультет.** Each **кафедра** represents a **предмéт** – *a school subject.*

Once you have found the correct page, list three possible **предмéты** for each school following this example:

> Российская экономическая академия — студенты-экономисты
>
> В Российской экономической академии студенты-экономисты изучают экономическую теорию, национальную и региональную экономику и социальное развитие.

Волгоградский государственный университет (ВолГУ) — студенты-филологи

_____

_____

_____

Карельская государственная педагогическая академия (КГПА) — студенты-психологи

_____

_____

_____

Российский государственный гуманитарный университет (РГГУ) — студенты-философы.

_____

_____

_____

04-25.   Звуковое письмо. You received an audio attachment in an e-mail from a Russian student seeking an American pen pal.

1. Before you listen, jot down three topics you expect to find in such a recording. Then listen to see if these topics are indeed addressed.
2. Listen to the attachment again and write down as many facts as you can.
3. Answer the recording in a written e-mail. Remember to use what you know, not what you don't know.

04-26. Электронное письмо. Sara Frankel has prepared a letter for a Russian pen pal organization and has asked you to translate it into Russian before she sends it via e-mail.

Hints:
1. Capitalize all forms of you (**Вы** and **Ваш**) in your letter.
2. *October 5* = **05.10**
3. Don't translate word for word. Give the sense of the English by using Russian taken from previous dialogs and exercises.

October 5

Hello! Let me introduce myself. My name is Sara. I go to Georgetown University, where I am a freshman. I live in a dorm. My major is American literature, but I also take history, international relations, French, and Russian. I study Russian because I think it is very beautiful, but I know it (**егó**) poorly. The library at our university is large. We read American and French newspapers and magazines in the library. I like the university very much.

Where do you go to school, and where do you live? Do you know English? Do you like music? I like American and Russian rock.

Yours,

Sara Frankel

04-27. Ваше письмо. Now write a letter to a Russian friend or pen pal, real or imagined. Write about where you live and study, what year of study you're in, what courses you are taking, which courses you find difficult, and which you like the best. Remember to open the letter with **Дорогой/Дорогая . . . !** Close the letter with the appropriate form of "Yours" and your name. Here are some words and phrases to help you:

Taking courses (think about which case is needed for each phrase):

У меня сейчас . . .

Я слушаю – *I am taking*; lit. *I am listening to*

Я (не) думаю, что . . .

Больше всего я люблю – *Most of all I like . . .*

●Видео

04-28. Новые слова. You already know some words for various kinds of "school." Listen to the video all the way through and select which of the following words were used in the recording.

1. _____ **институ́т** – *institute; specialized college*

2. _____ **шко́ла** – *elementary school; high school*

3. _____ **те́хникум** – *technical trade school*

4. _____ **учи́лище** – *trade school*

5. _____ **ка́федра** – *department* (college)

6. _____ **акаде́мия** – *similar to an* **институ́т**

7. _____ **университе́т** – *university*

8. _____ **класс** – *grade* (1st, 2nd, 3rd, etc.)

9. _____ **факульте́т** – *department/division*

10. _____ **ко́лледж** – (in Russia) *similar to a community college*

11. _____ **гимна́зия** – *private or charter school*

04-29. Ещё слова. Listen to this segment again and listen for the following words. When you have heard all of them, mark accordingly.

де́вушка – *girl* (teenage through about age 30): **одни́ де́вушки** – *only girls*

основно́й предме́т = **специа́льность** (*lit.* main subject)

перево́д и переводове́дение – *translation and translation theory*. The ending -**ве́дение** usually corresponds to "science" or "-ology."

роди́ться (роди́лся, родила́сь, родили́сь) – *was born*

❑ Yes, I have completed this activity.

❑ No, I have not completed this activity.

04-30. Кто где учится? Match each person with the university where he/she studies.

Студенты:	Место учёбы:
1. _____ Артём Асташенков	a. Невский институт языка и культуры
2. _____ Аня Хазова	b. Карельская педагогическая академия
3. _____ Денис Мисюн	c. Московский государственный университет

04-31. Кто что изучает? Match each person with the subject he/she studies.

Студенты:	Предметы:
1. _____ Артём Асташенков	a. английский и немецкие языки
2. _____ Аня Хазова	b. перевод и переводоведение
3. _____ Денис Мисюн	c. международные отношения

04-32. СЛОВА, СЛОВА, СЛОВА . . . Before completing the next few segments, review the words below that have to do with success in school. When you have completed your reading, mark accordingly.

Отме́тки (оце́нки) – grades

пятёрка (5) – *A*

четвёрка (4) – *B*

тро́йка (3) – *C*

дво́йка (2) – *D* (a failing grade in Russia)

Други́е слова́ – *other words*

поступи́ть в университе́т – *to enroll in college*

око́нчить (шко́лу, институ́т, университе́т) – *to graduate from . . .*

с отли́чием – *with distinction*

учи́ться на «отли́чно» – *to get As*

с золото́й меда́лью – *with a gold medal*

❑ Yes, I have completed this activity.

❑ No, I have not completed this activity.

04-33. Семья Кудряшовых. Watch the next segment of the video and answer the following questions.

1. Как Лена Кудряшова училась в школе?

   a. У неё были четыре тройки.

   b. Училась на четвёрки и пятёрки.

   c. У неё были «минимальные» отметки.

   d. Окончила школу с золотой медалью.

2. Что она главным образом изучала в университете?

   a. религию

   b. историю

   c. иностранные языки

   d. высшую математику

3. Как учился Юра Кудряшов в университете?

   a. У него были четыре тройки.

   b. Учился на четвёрки и пятёрки.

   c. У него были «минимальные» отметки.

   d. Окончил университет с отличием.

4. Кто Саша по специальности?

   a. лингвист

   b. экономист

   c. эколог

   d. журналист

5. Что Саша изучала в школе? (Отметьте все правильные ответы.)

   a. математику

   b. литературу

   c. английский язык

   d. физику

   e. химию

   f. биологию

   g. географию

   h. геологию

   i. философию

04-34. Профессор Опёнков и его жена. Select the subject that each of these people studied beyond high school.

1. Mikhail Openkov

   a. medicine

   b. stenography

   c. ecology

   d. philosophy

   e. humanities

2. Olga Pospelova

   a. medicine

   b. stenography

   c. ecology

   d. philosophy

   e. humanities

04-35. Александр Морозов. Этот студент живёт и учится в Москве. Что ещё мы знаем о нём? Select the correct response to each question.

1. Какая специальность у Александра Морозова?

   a. менеджмент

   b. математика

   c. экономика

2. Где он сейчас учится?

   a. в гимназии

   b. в экономической академии

   c. в школе менеджмента

   d. в Московском университете

3. Какие предметы он изучает? (Отметьте все правильные ответы.)

   a. финансы

   b. социология

   c. английский язык

   d. философия

   e. математика

   f. естествознание

4. Любимый предмет Александра Морозова:

   a. финансы

   b. социология

   c. английский язык

   d. философия

   e. математика

   f. естествознание

5. Самый трудный для него предмет:

   a. финансы

   b. социология

   c. английский язык

   d. философия

   e. математика

   f. естествознание

04-36. Семья Гущенко. Based on what you hear in the video segment about the Gushchenko family in St. Petersburg, select the word that best completes each sentence.

Валерий Гущенко говорит:

1. Английский язык я изучал _____ .

   a. в бизнес-школе

   b. в Горном институте

   c. на курсах английского языка

   d. на филологическом факультете

2. Могу _____ читать и писать.

   a. немного

   b. не очень хорошо

   c. со словарём

   d. свободно

Зоя Османовна говорит:

3. Надя окончила 10 классов _____ .

   a. с трудом

   b. с отличием

   c. с тройками

   d. с золотой медалью

4. Она поступила в _____ институт.

   a. горный

   b. медицинский

   c. технологический

   d. экономический

5. Сейчас она _____ .

   a. кассирша в банке

   b. начальник отдела

   c. преподаватель

   d. домохозяйка

6. А кто она была по специальности?

   a. лингвист

   b. экономист

   c. стенографист

   d. врач-анестезиолог

04-37. Преподаватель английского языка. Select the correct response to each question about the English teacher.

1. Как фамилия этого преподавателя?

   a. Марков

   b. Маркович

   c. Сегаль

2. В каком университете он работает?

   a. РГПУ

   b. РГГУ

   c. СПГУ

   d. СПГТИ

3. Какие языки изучают в этом университете?

   a. славянские

   b. азиатские

   c. африканские

   d. европейские

4. Какие курсы он читает? (Отметьте два правильных ответа.)

   a. страноведение США

   b. фонетика/фонология

   c. грамматика/синтаксис

   d. история Англии

04-38. Жена преподавателя английского языка. Select the correct response to each question about the English teacher's wife.

1. Как Дина училась в школе?

   a. с отличием

   b. хорошо

   c. на тройки

   d. была двоечница

2. Где она училась после школы?

   a. в РГПУ

   b. в медицинском институте

   c. в ЛГУ

Распорядок дня

Устные упражнения

Oral Drill 1 (2. Telling time on the hour) Look at the pictures and give the time.

Образе́ц:

— Ско́лько сейча́с вре́мени?
— Сейча́с во́семь часо́в.

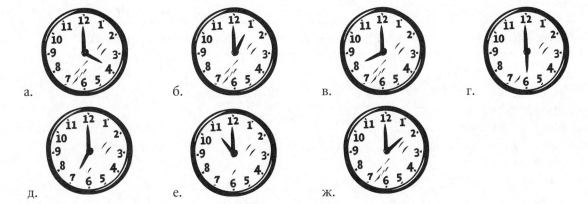

а.   б.   в.   г.

д.   е.   ж.

Oral Drill 2 (2. Telling time on the hour) Say that you have a lecture at the following times.

— Когда́ у вас ле́кция?/9 ➔ — У меня́ ле́кция в де́вять часо́в.

8, 11, 12, 1, 2, 3

Oral Drill 3 (2. Times of the day) Based on the schedule below, answer the questions on the recording. Use **у́тром, днём, ве́чером,** or **но́чью** in your answer. The word being asked about comes at the end of the answer.

8.00	читáть газéту
8.15	идти́ в университéт
9.00	францýзский язы́к — фонéтика
10.30	занимáться в библиотéке
12.30	обéдать
14.00	францýзский язы́к — граммáтика
16.00	аэрóбика
19.45	идти́ в кинó
23.00	занимáться дóма

— Когдá вы читáете газéту? ➡ — Я читáю газéту ýтром.

Когдá вы идёте в университéт?
Когдá у вас граммáтика?
Когдá вы идёте в кинó?
Когдá вы занимáетесь в библиотéке?
Когдá вы обéдаете?
Когдá у вас фонéтика?
Когдá вы занимáетесь дóма?
Когдá у вас аэрóбика?

🔊 **Oral Drill 4 (2. Telling what day something happens)** Following the model, tell what day these classes meet.

— В какóй день у вас рýсский язы́к? (втóрник) ➡ — Рýсский язы́к во втóрник.

В какóй день у вас . . . ?/В каки́е дни у вас . . . ?

истóрия/втóрник, четвéрг
биолóгия/средá, четвéрг
хи́мия/понедéльник, пя́тница
психолóгия/понедéльник
математи́ка/средá, четвéрг

🔊 **Oral Drill 5 (3. New verbs)** Practice the new verbs by saying what the following people do.

Что дéлает Волóдя? (вставáть в 7 часóв) ➡ Волóдя встаёт в 7 часóв.

мы (зáвтракать)
они́ (одевáться)
я (идти́ на лéкцию)
роди́тели (обéдать в кафé)
Мари́на (занимáться)

ты (убирáть кóмнату)
Ди́ма и Кóстя (читáть газéты)
Рóберт (смотрéть телеви́зор)
А вы?

🔊 **Oral Drill 6 (3. New verbs)** Say what Svetlana did yesterday.

> принима́ть душ ➡️ Светла́на принима́ла душ.

одева́ться, за́втракать в общежи́тии, занима́ться в библиоте́ке, обе́дать в кафете́рии, отдыха́ть до́ма, слу́шать му́зыку, чита́ть журна́лы, у́жинать в 8 часо́в

🔊 **Oral Drill 7 (5. Идти́)** Ask where the following people are going. In short questions with a question word, the nouns normally come after the verb, whereas the pronouns come before.

> Куда́ ты идёшь?/он ➡️ Куда́ он идёт?

она́, вы, они́, мы, Та́ня, Та́ня и Ни́на

🔊 **Oral Drill 8 (5. Ехать)** Say the following people are going to Novgorod.

> Куда́ е́дет наш преподава́тель? ➡️ Наш преподава́тель е́дет в Но́вгород.

роди́тели, я, мы, Анна, ты, Оле́г, вы

🔊 **Oral Drill 9 (1. Class and 7. Где?/Куда́? + prepositional or accusative)** Answer the question using the prompt.

> Где Ма́ша? (уро́к) ➡️ Она́ на уро́ке.

> Куда́ иду́т студе́нты? (заня́тия) ➡️ Они́ иду́т на заня́тия.

Где преподава́тель? (аудито́рия)
Куда́ иду́т шко́льники? (уро́к)
Где студе́нты? (заня́тия)
Куда́ иду́т первоку́рсники? (пе́рвая па́ра)
Где на́ши профессора́? (ле́кции)
Где Анна Петро́вна? (ле́кция)
Куда́ ты идёшь? (заня́тия)
Куда́ идёт но́вая аспира́нтка? (семина́р)

🔊 **Oral Drill 10 (7. Где vs. куда́)** Ask the speaker to repeat the places named.

> Та́ня рабо́тает в Москве́. ➡️ Где?
>
> Алёша идёт на рабо́ту. ➡️ Куда́?

Ва́ня опа́здывает на фильм.
Ка́тя за́втракает до́ма.
Со́ня е́дет в Но́вгород.
Вади́м занима́ется в библиоте́ке.

Ва́ся идёт в библиоте́ку.
Я отдыха́ю в па́рке.
Мы у́чимся в большо́м университе́те.
Не хо́чешь пойти́ в бассе́йн?

🔊 **Oral Drill 11 (7. В/на + accusative case for direction)** Say that you are going to the following places.

— Куда́ ты идёшь? (парк) ➡ — Я иду́ в парк.

магази́н, рестора́н, библиоте́ка, рабо́та, музе́й, стадио́н, дом, аудито́рия, кафе́

Oral Drill 12 (5. Идти́ vs. е́хать and 7. В/на + accusative case) State that you all are going to the places mentioned below. If it is possible to walk, then walk. Otherwise, go by vehicle.

Нью-Йо́рк ➡ Мы е́дем в Нью-Йо́рк.
уро́к ➡ Мы идём на уро́к.

рабо́та, Москва́, библиоте́ка, Росси́я, конце́рт, Ирку́тск, Владивосто́к, да́ча, музе́й, бассе́йн, рестора́н, Англия, кафе́

🔊 **Oral Drill 13 (7. В/на + accusative case for direction)** Say that you are late to the following places. Remember that activities take the preposition **на**.

— Ты опа́здываешь? Куда́? (уро́к) ➡ — Я опа́здываю на уро́к.

университе́т, ле́кция, рок-конце́рт, библиоте́ка, эконо́мика, ру́сский язы́к, ру́сская исто́рия, кафе́, магази́н, уро́к, рабо́та

🔊 **Oral Drill 14 (Invitations and 7. В/на + accusative case for direction)** Invite a friend to go to the following places.

магази́н ➡ Хо́чешь пойти́ в магази́н?

парк, но́вый рестора́н, конце́рт, библиоте́ка, кино́, бале́т

🔊 **Oral Drill 15 (Review of в/на + prepositional case for location)** Following the model, tell where the following people work.

— Где рабо́тает Та́ня? (музе́й) ➡ — Та́ня рабо́тает в музе́е.

Бори́с — библиоте́ка
Мари́я Ива́новна — шко́ла
Анто́н Па́влович — институ́т
Шу́ра — магази́н

Ле́на — кино́*
Да́ня — стадио́н
студе́нты — музе́й
я — кафе́

*__Кино́__ here means "film industry." An individual movie theater is __кинотеа́тр__.

🔊 **Oral Drill 16 (8. До́лжен and свобо́ден)** Say that the following people are not free; they have to study.

| Кири́лл свобо́ден сего́дня? | ➡ | Нет, он до́лжен занима́ться. |
| А Анна свобо́дна сего́дня? | ➡ | Нет, она́ должна́ занима́ться. |

Ма́ша, Вади́м, Гри́ша, Вади́м и Гри́ша, мы, Са́ра, студе́нты, я

🔊 **Oral Drill 17 (Review of subjects)** Practice responding to the questions about what class you have next.

| Что у тебя́ сейча́с?/исто́рия | ➡ | Сейча́с у меня́ исто́рия. |

эконо́мика, ру́сский язы́к, англи́йская литерату́ра, матема́тика, междунаро́дные отноше́ния, геогра́фия

Числительные

🔊 **05-01.** Listen to the recording and fill in the time in the sentences below. Write numbers as either words or digits, and the appropriate Russian form of "o'clock."

1. Я встаю́ в _____ .

2. Я за́втракаю в _____ .

3. Я иду́ на уро́к в _____ .

4. Ру́сская разгово́рная пра́ктика в _____ .

5. Я обе́даю в _____ .

6. Я иду́ в библиоте́ку в _____ .

7. В суббо́ту я иду́ в кино́ в _____ .

🔊 **05-02. Ско́лько сто́ит . . . ?** Напиши́те, ско́лько сто́ят э́ти ве́щи. Write the prices of the following items. Some prices include kopecks; some do not. Note: 100 kopecks = 1 ruble.

1. Прое́зд в авто́бусе, в тролле́йбусе   _____ рубле́й, _____ копе́ек

2. Йо́гурт «Стронгман» ту́тти-фру́тти   _____ рубле́й, _____ копе́ек

3. Кока-Ко́ла, 0, 33 л, ж/ба́нка   _____ рубле́й, _____ копе́ек

4. Майоне́з «Хе́лманс», 250 г   _____ рубле́й, _____ копе́ек

5. Ко́фе, порошо́к, 100 г   _____ рубле́й, _____ копе́ек

6. DVD-диск   _____ рубле́й, _____ копе́ек

7. Биле́т в кинотеа́тр   _____ рубле́й

8. Рома́н «Война́ и мир» Л. Толсто́го   _____ рубле́й

9. Биле́т в ночно́й клуб   _____ рубле́й

10. Компа́кт диск   _____ рубле́й

11. Цветно́й телеви́зор «Ви́тязь» 34 см   _____ рубле́й

12. Туристи́ческая пое́здка в Пари́ж (8 дней)   _____ рубле́й

13. Но́вый компью́тер «Делл», после́дняя моде́ль   _____ рубле́й

14. Автомоби́ль «Ла́да» 21099   _____ рубле́й

15. Трёхко́мнатная кварти́ра   _____ рубле́й

● Фонетика и интонация

🔊 **05-03.** Listen to the following explanation of voiced and voiceless consonants. When you have completed your listening, mark accordingly.

Voiced and voiceless consonants

в	з	ж	б	г	д	Vocal chords vibrate (*voiced*)
ф	с	ш	п	к	т	Vocal chords are silent (*voiceless*)

1. **Word-final devoicing.** A voiced consonant at the end of a word is pronounced voiceless.

   We write: *We say:*

   джа**з**   джа**с**

   гара́**ж**   гара́**ш**

   ❑ Yes, I have completed this activity.

   ❑ No, I have not completed this activity.

2. **Voiced–voiceless assimilation.** When a voiced and voiceless consonant are adjacent to each other, the nature of the second consonant dictates the nature of the first. For this rule to be in effect, both consonants involved have to be part of voiced-voiceless pairs, outlined in the chart.

   We write: *We say:*

   В Ки́еве   **Ф К**и́еве

   баске**тб**о́л   баске**дб**о́л

🔊 **05-04.** Listen to the conversations below. Keep in mind the rules for voiced and voiceless consonants. Repeat the dialogs to yourself and try to imitate the pronunciation as closely as you can. When you have listened to the conversations and are satisfied with your pronunciation, mark accordingly.

1. — Олег! Что ты сейчас делаешь? Может быть, пойдём вместе в магазин?

   — Я не могу. В пять часов у меня урок английского языка.

   — Но сегодня четверг! А у тебя урок только в среду.

   — В среду у меня английская фонетика.

   — А когда ты идёшь домой?

   — В восемь часов. Извини, я должен идти.

   ❑ Yes, I have completed this activity.

   ❑ No, I have not completed this activity.

2.　— Извини́те, как вас зову́т?

— Глеб.

— Очень прия́тно, Глеб. Меня́ зову́т Ри́чард. Я ваш сосе́д.

— Очень прия́тно. Вы живёте на э́том этаже́?

— Да. Вот здесь, в пя́той ко́мнате.

05-05. Listen to the conversations again. Refer to the unmarked text in 05-04 as necessary. After each letter in bold and following the number, circle the actual sound you hear, keeping in mind the rules for voiced and voiceless consonants.

Образе́ц:

в Ки́еве
You say **ф** because of assimilation.

из Доне́цка
You say **з** because you would expect no change.

1.　— Оле́**г** (1) г / к! Что ты сейча́**с** (2) с / з де́лаешь? Мо́же**т** (3) т / д быть, пойдём **в**ме́**с**те

[**в** (4) в / ф ме́с (5) с / з те] **в** (6) в / ф магази́н?

— Я не мо**г**у́ (7) г / к. **В** (8) В / Ф пять часо́**в** (9) в / ф у меня́ уро́к англи́йского языка́.

— Но сего́дня (10) д / т четве́р**г** (11) г / к! А у тебя́ уро́к то́лько **в** (12) в / ф сре́ду.

— В сре́ду у меня́ ан**г**ли́йская (13) г / к фоне́тика.

— А ко**г**да́ (14) г / к ты идё**шь** (15) ш / ж домо́й?

— **В** (16) В / Ф во́семь часо́**в** (17) в / ф. Извини́, я до́л**ж**ен (18) ж / ш идти́ (19) д / т.

2.　— Извини́те, как ва**с** (20) с / з зову́т?

— Гле**б** (21) б / п.

— Очень прия́тно (22) т / д, Глеб. Меня́ зову́**т** (23) т / д Ри́чар**д** (24) д / т. Я ва**ш** (25) ш / ж сосе́**д** (26) д / т.

— Очень прия́тно. Вы живёте на э́том этаже́ (27) ж / ш?

— Да. Во**т** (28) т / д здесь, **в** (29) в / ф пя́той ко́мнате.

● Письменные упражнения

05-06. **(1. Class)** Fill in the correct Russian equivalent of the italicized word *class*.

1. They say organic chemistry is a hard *class*.

   Говорят, что органическая химия трудный _____ .

2. Today in *class* the professor said *classes* tomorrow are cancelled.

   Сегодня на _____ преподаватель сказал,

   что завтра все _____ отменяются.

3. Which *class* is best, phonetics or grammar?

   Какой _____ лучше?

4. Zhanna's taking history. It's a really big *class*.

   Жанна изучает историю. _____ очень большая.

05-07. **(2. Telling time on the hour)** Write a short dialog under each picture. Write out numbers as words.

Образец:    :

— Сколько сейчас времени?
— Пять часов.

1.

   _____

   _____

2.

   _____

   _____

3.

   _____

   _____

4.

   _____

   _____

5.

6.

_____   _____
_____   _____

05-08. (**2. Time**) Fill in the preposition **в** where necessary in the following conversations.

1. — Сколько сейчас времени?

   — _____ 9 часов.

2. — Когда у вас русский язык?

   — _____ 10 часов.

3. — Хотите пойти в магазин?

   — Когда?

   — _____ 11 часов.

   — У меня биология _____ 11 часов. Давайте пойдём _____ час.

   — Договорились.

4. — Давайте пойдём в магазин.

   — Хорошо. Только у меня химия _____ три часа.

   — Но сейчас уже _____ три часа. Вы опаздываете.

05-09. (**2. Telling on what day — personalized**) Answer the following questions truthfully in complete sentences. The word(s) being asked about should go at the end of your answers. Remember that *never* is **никогда не**.

1. В какие дни вы не слушаете лекции?

   _____

2. В какие дни у вас русский язык?

   _____

3. В какие дни вы играете в футбол?

   _____

4. В какие дни вы занимаетесь в библиотеке?

   _____

5. В какие дни вы не завтракаете дома?

   _____

05-10. (**2. Days of week and 3. New verbs**) Write ten meaningful sentences using one element from each column. Supply needed prepositions and the correct endings. Do not change the word order.

понедельник				завтракать
вторник		американцы		слушать лекции
среда		русские		работать
четверг		студенты		отдыхать
пятница	утром	преподаватель		заниматься
суббота	днём	мать	(не)	обедать дома
воскресенье	вечером	я		смотреть телевизор
вчера		мы		играть в футбол
				ужинать

1. _____

2. _____

3. _____

4. _____

5. _____

6. _____

7. _____

8. _____

9. _____

10. _____

05-11. (**2. Time and 3. New verbs**) Translate into Russian.

1. "What did you do yesterday?" "I studied in the library and then watched TV."

   _____

2. "Do you usually eat breakfast?" "Yes, I always eat breakfast at 8 o'clock."

   _____

3. My parents work every day.

   _____

4. Yesterday we ate lunch in our dormitory.

   _____

5. He often gets up at 6 o'clock.

   _____

6. First I go to classes and then I clean my room.

_____

7. On Friday and Saturday they eat dinner at an Italian restaurant.

_____

8. Irina goes to bed late.

_____

05-12. (**5. Going: идти vs. ехать**) Everyone is going somewhere tomorrow. Fill in the blanks with the appropriate verb.

1. Алла _____ в Москву.

2. Сергей _____ в кино.

3. Володя _____ в университет.

4. Мы _____ в Киев.

5. Кира и Дима _____ в Суздаль.

6. Я тоже _____ в Суздаль.

7. Ты _____ в библиотеку?

8. Родители _____ на дачу.

9. Дети _____ в школу.

10. Вы _____ на лекцию?

05-13. (**5. Going: я иду or еду** – *set out* or *be on the way* vs. **я хожу** – *make multiple round trips*) Fill in the blanks with the needed verb.

1. Каждый день я _____ в университет.

2. В понедельник я _____ на русский язык в 9 часов.

3. В субботу вечером я обычно _____ в кино.

4. В 5 часов я _____ в кафе, в 7 часов я _____ домой.

5. Я сейчас _____ на стадион.

6. В эту пятницу я _____ в Нью-Йорк.

05-14. **(6. Где/куда)** Which of the verbs below are **где**-type verbs and which ones are **куда**-type? Formulate a question with each of the verbs and then answer it.

1. заниматься: вопрос _____

     ответ _____

2. работать: вопрос _____

     ответ _____

3. идти: вопрос _____

     ответ _____

4. жить: вопрос _____

     ответ _____

5. играть на гитаре: вопрос _____

     ответ _____

6. учиться: вопрос _____

     ответ _____

7. ехать: вопрос _____

     ответ _____

8. опаздывать: вопрос _____

     ответ _____

9. ходить: вопрос _____

     ответ _____

05-15. **(Case concept exercise)** Review the use and meaning of the cases you know. In the following passage, indicate in the blank after each italicized word or phrase whether it is in the nominative (N), prepositional (P), or accusative (A) case.

Я(1) _____ учусь в *университете* (2) _____ . У меня занятия в *понедельник* (3) _____ , *среду* (4) _____ и *пятницу* (5) _____ .

Суббота (6) _____ и *воскресенье* (7) _____ —мои любимые дни. В *субботу* (8) _____ я не занимаюсь. Утром я иду в *магазин* (9) _____ , а вечером — в *кино* (10) _____ .

В *понедельник* (11) _____ я иду на *интересную лекцию* (12) _____ . *Наша лекция* (13) _____ на *первом этаже* (14) _____ .

На *лекции* (15) _____ я слушаю, что говорит *преподаватель* (16) _____ . На *уроке* (17) _____ *мы* (18) _____ говорим только по-русски. Я люблю *русский язык* (19) _____ .

05-16. **(6. and 7. Где vs. куда)** Translate into Russian.

1. Every day I go to classes (*not* **класс**!).

   _____

2. Tanya and Vera worked in a restaurant.

   _____

3. "Where do you do your homework?" "At home. "

   _____

4. "Who is always late for lectures?"

   _____

5. "Where are you going?" "I am going to the stadium."

   _____

6. "Yesterday she ate dinner in the dormitory. "

   _____

7. "Where are they going on Monday?" "They are going to Russia."

   _____

05-17. **(1.–7. Распорядок дня)** In the sentences of the following story, supply the correct endings and the needed prepositions. Do not change word order.

1. утром / я / вставать / рано.

   _____

2. я / принимать / душ / и / быстро / одеваться.

   _____

   _____

3. потом / я / завтракать / и / читать / газета.

   _____

   _____

4. девять / час / я / идти / университет, / потому что / у / я / русский язык / десять / час.

   _____

   _____

5. одиннадцать / час / у / я / история. Обедать / я / час.

_____

_____

6. днём / я / идти / библиотека/ или / компьютерная лаборатория. Там / я / заниматься.

_____

_____

7. шесть / час / я / идти / дом, / где / я / ужинать.

_____

8. вечером / я / отдыхать — обычно / слушать / американская музыка, / смотреть / телевизор / или / играть / гитара.

_____

_____

_____

9. десять / час / я / ложиться спать.

_____

05-18. Что делает Валя каждый день? Write a narrative about Valya's day following the pictures below.

_____

_____

_____

_____

_____

_____

_____

_____

_____

_____

_____

_____

05-19. (8. Должен) Change sentences such as *Jane studies* to *Jane ought to study.*

1. Мы отдыхаем вечером.

    _____

2. Володя занимается в библиотеке.

    _____

3. Студенты говорят по-русски.

    _____

4. Родители смотрят новые фильмы.

    _____

5. Ты учишься в университете.

    _____

6. Преподаватель пишет по-английски.

    _____

05-20. (Daily activities: review) Fill in the blanks in the following diary with appropriate past-tense forms of the verbs provided.

> завтракать, ужинать, читать, ходить, слушать, смотреть, думать, говорить, работать, заниматься, забыть, быть, убирать, отдыхать

понедельник:	Сегодня я (1)[*ate breakfast*] _____ в столовой. Днём я (2) [*read*] _____ очень интересную книгу.
вторник:	Я весь день (3)[*thought*] _____ о работе.
среда:	Утром я 4 часа (4)[*studied*] _____ в библиотеке. Днём я (5) [*worked*] _____ .
четверг:	Днём я (6)[*went*] _____ на занятия. Вечером я (7)[*went*] _____ в кино.
пятница:	Я (8)[*forgot*] _____ , что сегодня вечером у нас вечеринка*! Я весь день (9)[*straightened/cleaned up*] _____ комнату.
суббота:	Мой брат (10)[*watched*] _____ телевизор весь день, а я (11)[*listened*] _____ музыку.
воскресенье:	Днём я (12)[*relaxed*] _____ дома. Вечером мы (13)[*ate dinner*] _____ в хорошем ресторане.

*вечери́нка – *party*

05-21. (Daily activities: review)

1. Read through the following infinitive phrases and check the ones indicating activities you did last week.

    слушать радио, музыку, лекцию, . . .

    читать газету, книгу, журнал, . . .

    смотреть телевизор, фотографии, фильм, . . .

    думать о политике, о друге, о матери, . . .

    говорить об университете, о России, . . .

    писать о политике, об истории, о литературе, об экономике, . . .

    ходить в библиотеку, в музей, в театр, на концерт, на занятия, на работу, . . .

    работать (где?)

    заниматься (где?)

    завтракать (где?)

    обедать (где?)

    ужинать (где?)

2. Did you do something else that you can express in Russian?

3. Now fill in the following diary page, indicating one or two activities you did each day. Include each time of day (**утром, днём, вечером, ночью**) at least once and at least three clock times. Do not use any verb more than twice.

    понедельник: _____

    вторник: _____

    среда: _____

    четверг: _____

    пятница: _____

    суббота: _____

    воскресенье: _____

05-22. (**Your life—personalized**) **Немного о себе.** Answer the following questions about yourself in complete sentences. Try to be honest, within the bounds of the Russian words you already know.

1. Где вы сейчас живёте? _____

_____

2. Вы всегда там жили? Если нет, где вы жили раньше? _____

_____

3. В каком городе вы учились в школе? _____

_____

4. Вы работали, когда вы учились в школе? Где? _____

_____

5. Какие книги вы читали в школе? _____

_____

6. Вы вчера читали газету утром или вечером? _____

_____

7. Что ещё (*else*) вы делали вчера? _____

_____

8. Вы вчера ходили в библиотеку? _____

_____

9. Что вы там делали? _____

_____

10. Куда ещё вы ходили вчера? _____

_____

05-23. Письмо из Минска. You received the following e-mail from your Russian friend Kostya, who lives in Minsk, the capital of Belarus. Earlier you had asked him to describe his academic schedule. Before reading the message, jot down two or three things you expect to find in it. Then read the e-mail and answer the questions that follow.

15. 05. 07

Здравствуй!

Спасибо за твоё письмо. Я рад, что у тебя всё хорошо в университете. Ты хочешь знать, как идут мои занятия. Сейчас я тебе всё расскажу.

Как ты уже знаешь, я сейчас учусь в Белорусском государственном университете. Моя специальность — политология, но я также очень люблю английский язык и литературу. В этом семестре у меня интересные курсы. Понедельник, среда и пятница у меня очень трудные дни. Я встаю в семь часов, одеваюсь и иду завтракать в столовую. Потом у меня три лекции. Первая лекция в девять часов. Это американская история. У нас очень хороший преподаватель. Он читает интересный курс. Потом в одиннадцать часов у меня семинар — экономика. Семинар трудный, но материал интересный.

В час я иду обедать. В два часа у меня английский язык. Это мой любимый курс. На занятиях мы говорим только по-английски. Это хорошая практика. Потом я слушаю английские записи. Это я могу делать или в лингафонном центре, или могу слушать эти упражнения на своём мобильнике. В пять часов я ужинаю, а потом занимаюсь в общежитии. Там я читаю, захожу в Интернет, слушаю музыку или просто отдыхаю. Ложусь спать поздно, в двенадцать часов.

В субботу я встаю рано, в восемь часов. Утром я убираю комнату, днём иду в магазин, а вечером в кино, в клуб, на стадион или на концерт. В воскресенье утром я встаю поздно, в одиннадцать часов. Днём я иду в библиотеку. Там я занимаюсь. Иногда я хожу в гости.

Вот и вся моя неделя. Я очень хочу знать, как ты живёшь. Жду ответа.

Костя

1. Костя учится . . .

   a. в Минском государственном университете

   b. в Белорусском государственном университете

   c. в Белорусском государственном педагогическом университете

2. Его специальность — . . .

   a. политология

   b. английский язык

   c. литература

3. Его самые трудные дни — . . .

   a. вторник и четверг

   b. понедельник, вторник и среда

   c. понедельник, среда и пятница

4. В трудные дни у него три занятия:

   a. американская литература, английский язык и история

   b. английский язык, экономика и европейская история

   c. американская история, экономика и английский язык

5. Его любимый курс — . . .

    a. английский язык

    b. американская литература

    c. экономика

6. Тема его семинара — . . .

    a. английский язык

    b. американская литература

    c. экономика

7. Он обедает . . .

    a. в час

    b. в два часа

    c. в пять часов

8. Вечером он занимается . . .

    a. в библиотеке

    b. в общежитии

    c. в кафе

9. Он идёт в магазин . . .

    a. в понедельник

    b. в субботу

    c. в воскресенье

10. Когда он отдыхает в субботу, он НЕ ходит . . .

    a. на концерт

    b. на стадион

    c. в кафе

05-24. Письмо из Америки. Respond to Kostya's e-mail. Write as much as you can about how you live, about the life of a typical American student, and about your daily schedule.

_____

_____

_____

_____

_____

_____

_____

_____

_____

_____

_____

_____

05-25. Диктант: Интервью. Listen to the recording of an interview with an American student studying in Russia. Write down the interviewee's responses.

1. _____
2. _____
3. _____
4. _____
5. _____

05-26. Интервью. Listen to the recording of the interview again. Now write down the questions the interviewer must have asked to produce the responses you hear.

1. _____
2. _____
3. _____
4. _____
5. _____

● Видео

5-27. Новые слова. Read the vocabulary list before watching the video. When you have read the list, mark accordingly.

возвраща́ться (возвраща́юсь) – to return

встреча́ться с друзья́ми – to meet with friends

гото́влю – I cook

гра́фик – (work) schedule: **У меня свободный график.**

зака́нчивается – it ends

зака́нчиваю – I finish up

лёгкий = нетру́дный

накрыва́ю стол – I put on the tablecloth

настоя́щее вре́мя: в настоя́щее вре́мя – currently

нахо́дится – is located

начина́ется – begins

отлича́ется – differs

приме́рно – approximately

продолжа́ю – I continue

собира́юсь – I get ready

умыва́ться – to wash up

❑ Yes, I have completed this activity.

❑ No, I have not completed this activity.

05-28. Саша Кудряшова. Какой у Саши распорядок дня? Select the correct response to complete each sentence.

1. Саша встаёт в

   a. _____ 6 часов

   b. _____ 7 часов

   c. _____ 8 часов

2. В 3 часа Саша . . .

   a. _____ обедает

   b. _____ смотрит телевизор

   c. _____ идёт на занятия

3. Вечером Саша . . .

   a. _____ пишет e-mail'ы

   b. _____ смотрит телевизор

   c. _____ ужинает

4. Саша ложится в

   a. _____ 10 часов

   b. _____ 11 часов

   c. _____ 12 часов

5. Какие курсы самые трудные для Саши?

   a. _____ английская грамматика

   b. _____ история России

   c. _____ психология

   d. _____ педагогика

   e. _____ разговорный английский

05-29. Валерий Гущенко. Watch the video segment about Valery Gushchenko. Check off all the true statements.

   a. _____ He works for a tour agency.

   b. _____ He has to be at work by 7.

   c. _____ He walks his dog every morning.

   d. _____ His workday runs from 9 to 5.

   e. _____ He comes home for dinner.

05-30. Надежда Гущенко. Ответьте на вопросы. Select the correct response.

1. Когда у Надежды Гущенко начинается рабочий день?

   a. _____ в 7 часов утра

   b. _____ в 8 часов утра

   c. _____ в 9 часов утра

   d. _____ в 10 часов утра

2. Когда у Надежды Гущенко заканчивается рабочий день?

   a. _____ в 5 часов дня

   b. _____ в 6 часов вечера

   c. _____ в 7 часов вечера

   d. _____ в 8 часов вечера

05-31. Зоя Османовна. Что делает Зоя Османовна каждый день? Find out what you can about Zoya Osmanovna's day. Check all activities that she mentions in the video.

   a. _____ Едет на работу.

   b. _____ Готовит ужин для Валеры и Нади.

   c. _____ Накрывает на стол.

   d. _____ Встречает Валеру и Надю после работы.

05-32. Алина. Алина учится в Российской экономической академии имени Плеханова. Что ещё мы узнали о ней? Check all activities that apply.

1. Что делает Алина утром?

   a. _____ Встаёт.

   b. _____ Завтракает.

   c. _____ Умывается.

   d. _____ Идёт на работу.

   e. _____ Едет на занятия.

2. Что делает Алина вечером?

   a. _____ Делает уроки и идёт гулять.

   b. _____ Идёт на дополнительные уроки.

   c. _____ Делает уроки и идёт на работу.

   d. _____ Занимается спортом.

05-33. Ирина и Люся. Find out what you can about this mother and daughter. Check all that apply.

1. What is true of Irina's work schedule?

   a. _____ She works part-time.

   b. _____ She works the graveyard shift.

   c. _____ She has flex time.

   d. _____ She works summers.

2. What explains her work situation?

   a. _____ Her company prizes her.

   b. _____ Her company pushes family values.

   c. _____ Her company rents space in her apartment building.

   d. _____ Her company rents space in her daughter's school building.

3. Name all the after-school activities that Lusia talks about.

   a. _____ guitar practice

   b. _____ extra Russian classes

   c. _____ extra history classes

   d. _____ sports

   e. _____ reading

   f. _____ drama

📽 **05-34. В половине . . . Half past . . .** There are lots of "half past" constructions in this video. But in Russian, "half past" is expressed as "halfway to . . ." *the next hour.* Look at the following examples, then answer the questions that follow.

в половине первого (also **полпервого**) – "halfway to one" – 12:30

в половине второго (**полвторого**) – "halfway to two" – 1:30

в половине третьего (**полтретьего**) – "halfway to three" – 2:30

в половине восьмого (**полвосьмого**) – "halfway to eight" – 7:30

в половине девятого (**полдевятого**) – "halfway to nine" – 8:30

1. Надежда Гущенко встаёт . . .

    a. _____ **5:30** (в половине шестого)

    b. _____ **6:30** (в половине седьмого)

    c. _____ **7:30** (в половине восьмого)

    d. _____ **8:30** (в половине девятого)

    e. _____ **9:30** (в половине десятого)

2. Люся встаёт . . .

    a. _____ **5:30** (в половине шестого)

    b. _____ **6:30** (в половине седьмого)

    c. _____ **7:30** (в половине восьмого)

    d. _____ **8:30** (в половине девятого)

    e. _____ **9:30** (в половине десятого)

3. У Люси школа начинается . . .

    a. _____ **6:30** (в половине седьмого)

    b. _____ **7:30** (в половине восьмого)

    c. _____ **8:30** (в половине девятого)

    d. _____ **9:30** (в половине десятого)

    e. _____ **10:30** (в половине одиннадцатого)

4. Люся возвращается домой . . .

    a. _____ **1:30** (в половине второго)

    b. _____ **2:30** (в половине третьего)

    c. _____ **3:30** (в половине четвёртого)

    d. _____ **4:30** (в половине пятого)

    e. _____ **5:30** (в половине шестого)

📽 **05-35. Numbers in non-nominative.** Read the following brief discussion of time expressions. When you have completed your reading, mark accordingly.

Some of the people shown in the video state clock time after prepositions that do not take the nominative case. Putting a number into any case but the nominative changes the stress and makes the number sound very different:

Валерий Гущенко: Я уезжаю на работу **к девяти часа́м** утра́.

Valery Gushchenko: I leave for work *by nine o'clock* in the morning.

Надежда Гущенко: Дома я быва́ю **о́коло восьми́** ве́чера.

Nadezhda Gushchenko: I'm home at *around eight* in the evening.

❑ Yes, I have completed this activity.

❑ No, I have not completed this activity.

Дом, квартира, общежитие

Устные упражнения

🔊 **Oral Drill 1 (New vocabulary: parts of the house, and review of prepositional case)** Say that Mom is now in the places named. Pay attention to the choice between **в** and **на**, and remember that some rooms are adjectives.

> Где ма́ма? (ку́хня) ➜ Ма́ма сейча́с на ку́хне.

Где ма́ма?

спа́льня	больша́я ко́мната
ва́нная	ма́ленькая ко́мната
гости́ная	общежи́тие
столо́вая	восьмо́й эта́ж

🔊 **Oral Drill 2 (New vocabulary: rooms and furnishings)** When asked if you saw something, respond that you have the exact same item!

> — Ты ви́дел но́вый дива́н? ➜ — У нас тако́й же дива́н!

Ты ви́дел . . .

на́шу гости́ную?	э́тот ковёр?
но́вую крова́ть?	мой но́вый холоди́льник?
пи́сьменный стол?	на́шу да́чу?
но́вый компью́тер?	э́ту ико́ну?
мои́ но́вые кре́сла?	на́шу столо́вую?
наш но́вый шкаф?	

🔊 **Oral Drill 3 (1. Хоте́ть)** Say that the following people want to look at the photographs.

> Ива́н ➜ Ива́н хо́чет посмотре́ть фотогра́фии.
>
> мы ➜ Мы хоти́м посмотре́ть фотогра́фии.

я, ты, роди́тели, сестра́, Ма́ша и Ве́ра, на́ша сосе́дка, вы

🔊 **Oral Drill 4 (2. Verbs of position: стоя́ть, висе́ть, лежа́ть)** Use the appropriate verb to answer the questions.

В э́той ко́мнате есть ико́ны?	➞	Да, в э́той ко́мнате вися́т ико́ны.
В э́той ко́мнате есть телеви́зор?	➞	Да, в э́той ко́мнате стои́т телеви́зор.

В э́той ко́мнате есть . . . ?
крова́ть
пле́йер
ико́на
фотогра́фии
больши́е ла́мпы
(на полу́) ковры́
(на стене́) ковёр
шкаф

🔊 **Oral Drill 5 (3. Genitive pronouns)** Ask whether the following people have a car. (The presence of **есть** indicates that the speaker is interested in whether or not the car exists.)

ты	➞	У тебя́ есть маши́на?
он	➞	У него́ есть маши́на?

вы, она́, кто, они́, ты, он

🔊 **Oral Drill 6 (3. Genitive pronouns)** Say that the following people have a cozy apartment. (The absence of **есть** indicates that the speaker is focusing on the coziness of the apartment rather than on the apartment itself.)

они́	➞	У них ую́тная кварти́ра.
мы	➞	У нас ую́тная кварти́ра.

я, он, вы, они́, она́, ты, мы

🔊 **Oral Drill 7 (3. and 4. Genitive singular nouns and modifiers; having)** Ask if the person in question has this object.

Ви́ктор (кре́сло)	➞	У Ви́ктора есть кре́сло?

Ве́ра (дива́н)
Ва́ля (крова́ть)
Вале́рий Петро́вич (шкаф)
наш преподава́тель (пи́сьменный стол)
твоя́ мать (кра́сный ковёр)
твой оте́ц (но́вый компью́тер)
брат и сестра́ (ру́сские кни́ги)
но́вый друг (краси́вые фотогра́фии)
твой сосе́д по ко́мнате (хоро́ший слова́рь)
ва́ша сосе́дка по ко́мнате (зелёная ла́мпа)

🔊 **Oral Drill 8 (5. Nonexistence: нет)** You have an unfurnished apartment to rent. Tell prospective tenants that it does not have the things they ask about.

— Есть дива́н? ➡ — Нет, нет дива́на.

Есть . . . ?

телеви́зор, ма́ленькая ла́мпа, кре́сло, большо́й шкаф, пле́йер, крова́ть, холоди́льник, пи́сьменный стол, плита́, ковёр

🔊 **Oral Drill 9 (5. Nonexistence, not having)** Say that you don't have whatever is asked about.

— У вас есть больша́я крова́ть? ➡ — Нет, у меня́ нет большо́й крова́ти.

У вас есть цветна́я фотогра́фия?
У вас есть большо́й шкаф?
У вас есть краси́вое кре́сло?
У вас есть тако́й ковёр?
У вас есть така́я крова́ть?
У вас есть тако́й холоди́льник?
У вас есть большо́е окно́?

🔊 **Oral Drill 10 (5. Absence)** Using genitive pronouns, say that the items asked about are not here.

Где си́нее кре́сло? ➡ Его́ здесь нет.

Где моё письмо́?
Где зелёный ковёр?
Где мой пле́ер и моби́льник?
Где моё пла́тье?
Где горя́чая вода́?
Где ма́ленькое кре́сло?
Где жёлтый дом?
Где моя́ но́вая крова́ть?

🔊 **Oral Drill 11 (4. and 5. Having and not having)** Contradict the speaker, saying that the people being talked about do indeed have the items in question.

— У Ви́ктора нет но́вого до́ма. ➡ — Нет, у него́ есть но́вый дом.

У Алекса́ндра нет но́вого ковра́.
У Ма́ши нет си́него дива́на.
У Анны нет бе́лой ла́мпы.
У ма́тери нет э́той кни́ги.
У сестры́ нет кра́сного кре́сла.
У Бо́ри нет большо́й кварти́ры.
У Анто́на нет ую́тной спа́льни.
У Ви́ктора нет хоро́шего до́ма.
У до́чери нет жёлтого пиджака́.

🔊 **Oral Drill 12 (4. and 5. Having and not having)** Using the appropriate pronoun, answer that you have the object in question.

— У вас нет шкáфа? → — Нет, есть. Вот он.

У вас нет телевúзора?
У вас нет крéсла?
У вас нет фотогрáфии?
У вас нет окнá?
У вас нет кýхни?
У вас нет гаражá?
У вас нет плитý?
У вас нет икóны?
У вас нет рáдио?
У вас нет лáмпы?
У вас нет пúсьменного столá?

🔊 **Oral Drill 13 (4. and 5. Presence, absence; interrogative pronouns)** You didn't quite hear the statement. Ask a confirming question.

— Марúна здесь.	→	— Кто здесь?
— Марúны здесь нет.	→	— Когó здесь нет?
— Учéбник здесь.	→	— Что здесь?
— Учéбника здесь нет.	→	— Чегó здесь нет?

Пáпа здесь.
Вúтя здесь.
Жёлтая кнúга здесь.
Мáмы здесь нет.
Твоегó брáта здесь нет.
Большóй кровáти здесь нет.
Сúний дом здесь.
Твоя́ сестрá здесь.
Плéйера здесь нет.
Плáтья здесь нет.
Твоéй рубáшки здесь нет.
Родúтели здесь.
Общежúтие здесь.

Oral Drill 14 (6. Possession and "of") Combine the information given in two sentences into a more succinct message.

— Это Макси́м. А э́то его́ кварти́ра.   ➡   — Это кварти́ра Макси́ма.

Это оте́ц. А э́то его́ да́ча.
Это мать. А э́то её ме́бель.
Это дочь. А э́то её ко́мната.
Это сын. А э́то его́ ико́ны.
Это брат. А э́то его́ холоди́льник.
Это сестра́. А э́то её дива́н.
Это Ма́ша. А э́то её маши́на.
Это Са́ша. А э́то его́ крова́ть.
Это Вале́ра. А э́то его́ стол.
Это На́дя. А э́то её ла́мпа.

Oral Drill 15 (7. Оди́н, одна́, одно́) When asked if you have something, say you have one of it.

— У вас есть да́ча?   ➡   — Да, у меня́ одна́ да́ча.

У вас есть крова́ть?
У вас есть дива́н?
У вас есть кварти́ра?
У вас есть окно́?
У вас есть ковёр?
У вас есть ра́дио?
У вас есть кре́сло?
У вас есть сосе́дка?
У вас есть стул?

Oral Drill 16 (7. Два vs. две + genitive singular noun) You're asked if you have one of something. Respond that you have two.

— У вас одна́ кни́га?   ➡   — Нет, две кни́ги.

У вас одна́ фотогра́фия?
У вас одна́ ко́мната?
У вас одна́ спа́льня?
У вас одна́ дверь?
У вас оди́н гара́ж?
У вас оди́н телеви́зор?
У вас оди́н преподава́тель?
У вас одно́ окно́?
У вас одно́ кре́сло?
У вас одно́ ра́дио?

Числительные

🔊 **06-01. Review of numbers.** Write down the prices of the following items. Each number is followed by a form of the word for thousand (**ты́сяча, ты́сячи, ты́сяч**). Indicate whether the price is in dollars or rubles.

1. компью́тер _____

2. большо́й телеви́зор _____

3. автомоби́ль «Мерседе́с» _____

4. да́ча _____

5. авиабиле́т би́знес-кла́сса Москва́ – Нью-Йо́рк _____

6. я́хта _____

7. пятико́мнатная кварти́ра _____

🔊 **06-02.** Напиши́те телефо́нные номера́ э́тих люде́й.

1. Ди́ма _____
2. Михаи́л _____
3. Ка́тя _____
4. Яша _____
5. Ки́ра _____
6. Игорь _____
7. Ле́на _____
8. Ири́на _____
9. Ма́ша _____
10. Анна _____
11. Жа́нна _____
12. Серге́й _____
13. Макси́м _____
14. Со́ня _____
15. Алекса́ндр _____
16. Дми́трий _____

🔊 **06-03. Ско́лько сто́ит жить в . . . ?** Need to rent an apartment in Russia? Location is everything. Here are some standard rents for major Russian cities. All of the apartments are average size, about 50 square meters. Monthly rents are quoted in dollars. Fill in the amounts and the phone numbers for inquiry.

Ме́сто	Пла́та (до́ллары в ме́сяц)	Телефо́н (код го́рода, тел.)
1. Москва́ (центр)		
2. Москва́ (ст. метро́ «Ту́шино»)		
3. С.-Петербу́рг (Не́вский пр.)		
4. С.-Петербу́рг (Гражда́нка)		
5. Владивосто́к		
6. Волгогра́д (университе́т)		

Фонетика и интонация

🔊 **06-04.** Listen to the following information about IC-5. When you have completed your reading, mark accordingly.

Intonation contour IC-5 occurs in expressions of exclamation such as:

5

Кака́я у вас кварти́ра!
What an apartment you have!

Compare this to IC-2 used in questions with a question word such as:

2

Кака́я у вас кварти́ра?
Which apartment do you have?

❏ Yes, I have completed this activity.

❏ No, I have not completed this activity.

🔊 **06-05.** Listen to each of the sentences below. Provide the appropriate punctuation, either an exclamation point or a question mark. Indicate which IC you heard: IC-2 or IC-5.

1. (IC-___) Кака́я да́ча_____

2. (IC-___) Како́й при́город_____

3. (IC-___) Како́й ста́рый ковёр_____

4. (IC-___) Кака́я ую́тная гости́ная_____

5. (IC-___) Како́й у вас холоди́льник_____

6. (IC-___) Каки́е у вас фотогра́фии_____

7. (IC-___) Кака́я у вас тради́ция_____

8. (IC-___) Каки́е краси́вые дома́_____

9. (IC-___)*Како́й здесь телеви́зор_____

10. (IC-___) Како́й большо́й_____

06-06. Listen to these sentences again. Repeat the expressions in the previous exercises to yourself as accurately as you can. When you have completed your reading, mark accordingly.

1. Кака́я да́ча_____

2. Како́й при́город_____

3. Како́й ста́рый ковёр_____

4. Кака́я ую́тная гости́ная_____

5. Како́й у вас холоди́льник_____

6. Каки́е у вас фотогра́фии_____

7. Кака́я у вас тради́ция_____

8. Каки́е краси́вые дома́_____

9. Како́й здесь телеви́зор_____

10. Како́й большо́й_____

❏ Yes, I have completed this activity.

❏ No, I have not completed this activity.

● Письменные упражнения

06-07. **(1. Хотеть) Какие у вас планы?** Fill in the blanks in the following passage with the appropriate form of **хотеть**.

— Что вы (1) _____ делать сегодня вечером?

— Мы (2) _____ отдыхать. Я (3) _____ писать e-mail. Алла

(4) _____ пойти в кино. Гриша и Вадим (5) _____ смотреть

телевизор. А что ты (6) _____ делать?

— Я (7) _____ читать.

06-08. **(2. Verbs of position)** Fill in the blanks with the appropriate forms of the verbs **стоять, висеть**, and **лежать**.

1. Где _____ журналы и газеты?

2. Мои новые фотографии _____ на стене в спальне.

3. В нашей гостиной _____ зелёный диван.

4. На кухне _____ стулья и маленький стол.

5. Какой ковёр _____ у вас на полу?

6. Слева _____ часы, а рядом _____ старые иконы.

7. На столе _____ письма и документы.

8. В моей спальне _____ письменный стол, а на нём

   _____ голубая лампа.

06-09. **(2. Verbs of position)** Fill in the blanks with **лежит/лежат, стоит/стоят,** or **висит/висят**.

1. — У нас на стене _____ ковёр.

   — У меня такой же ковёр. Только он _____ на полу.

2. — В какой комнате у вас _____ телевизор?

   — Он _____ у нас в большой комнате.

3. Я вижу, что у вас _____ икона.

4. — Где _____ ваш паспорт?

   — Он _____ на столе.

5. Я вижу, что у вас в гостиной _____ красивое кресло.

06-10. **(Review of adjective endings)** Supply the endings.

1. У тебя син_____ или зелён_____ куртка?

2. В столовой стояли больш_____ коричневый стол и чёрн_____ стулья.

3. Я хочу красн_____ кресло, а моя сестра хочет син_____ .

4. В его спальне лежит стар_____ голуб_____ ковёр.

5. У меня в кухне потолок бел_____ , но стены жёлт_____ .

6. На столе лежали русск_____ и американск_____ журналы, а рядом стояла син_____ лампа.

7. Мы живём в маленьк_____ квартире. В уютн_____ гостиной есть широк_____ диван и маленьк_____ телевизор на коричнев_____ столе.

8. На стенах висят красив_____ фотографии.

06-11. **(3. and 4. У + genitive pronouns; having)** Make sentences out of the following strings of words. The punctuation is provided for you. The first one is done for you.

> У / я / есть / телевизор. ➡ У меня есть телевизор.

1. У / ты / есть / мобильный телефон.

   _____ .

2. У / мы / есть / дача / пригород.

   _____ .

3. Это Максим. У / он / есть / компьютер / «Дэлл».

   _____ .

4. Это Аня. У / она / есть / принтер.

   _____ .

5. Это Максим и Аня. У / они / есть / новые диски.

   _____

   _____ .

6. У / вы / есть / машина?

   _____ ?

06-12. **(Review of spelling rules for formation of genitive)** Two of the three spelling rules play a role in genitive singular endings for nouns and modifiers. Review those rules here by filling in the blanks.

1. **7-letter spelling rule**

   After (1) ___, ___, ___, ___, ___, ___, ___ do not write (2) ___; write (3) ___ instead.

2. **5-letter spelling rule**

   After (1) ___, ___, ___, ___, ___, do not write (2) ____ if (3) _____; write (4) ____ instead.

06-13. **(3. and 4. У + genitive of singular modifiers and nouns; having)** Fill in the blanks with the appropriate forms of nouns and modifiers in genitive.

1. У (твой брат) _____ есть фотоаппарат?

2. У (моя мама) _____ очень большая гостиная.

3. У (наш преподаватель) _____ есть интересные новые книги.

4. У (их дочь) _____ красивая квартира.

5. У (ваша соседка) _____ есть русские фильмы?

6. У (этот американец) _____ новая машина.

7. У (ваш сосед) _____ старый дом?

06-14. **(3. and 4. У + genitive of singular modifiers and nouns; having)** Combine words from the two columns below to write ten questions asking whether the following people have these things.

ваш сосед	дача
наш преподаватель	американский компьютер
американский президент	коричневый диван
президент России	красный ковёр
твой отец	синие стулья
ваша новая соседка	большой стол
её дочь	зелёная лампа
твоя мама	новый айпод
новый студент	хорошая комната в общежитии
мой друг	интересные книги

У твоей мамы есть дача?

1. _____

2. _____

3. _____

4. _____

5. _____

6. _____

7. _____

8. _____

9. _____

10. _____

06-15. **(5. Not having: нет + genitive)** Answer the following questions in the negative, using pronouns, as in the model. Write (5) after any endings affected by the 5-letter spelling rule and (7) after endings affected by the 7-letter spelling rule.

У Сони есть хорошая книга? ➝ Нет, у неё нет хорошей (5) книги (7).

1. У Максима есть хороший телевизор?

   _____

2. У Жени на даче есть горячая вода?

   _____

3. У Кати есть чёрное платье?

   _____

4. У Кирилла есть русский словарь?

   _____

5. У Маши есть красный диван?

   _____

6. У сестры есть белая блузка?

   _____

7. У соседки есть синее кресло?

   _____

8. У соседа есть хорошая машина?

   _____

06-16. **(4. and 5. Having and not having—personalized)** Answer the questions (truthfully!) with a complete sentence.

1. У вас есть большое окно?

   _____

2. У вас есть красивый ковёр?

   _____

3. У вас есть русская икона?

   _____

4. У вас есть чёрное кресло?

   _____

5. У вас есть дача?

   _____

06-17. **(4. and 5. Having and not having) У кого что есть?** Reread Exercise 6-34 in the textbook, the e-mail correspondence between **Валя** and **Елена Анатольевна**. Look at the list of items below and write a paragraph of 10 full sentences on what Professor Paley and the Ramoses have or do not have. Compare and contrast the two apartments whenever possible, using conjunctions **и, а, но,** as well as **тоже** or **также.** You can also use the conjunction **потому что** to explain why there are things in one home that aren't in another. If one home or another has more than one of some item, indicate that with a plural form or a number.

> У семьи Рамосов есть телевизор, но у профессора Пейли нет телевизора, потому что у него маленькая квартира. У Рамосов также есть DVD-плейер.

У профессора Пейли . . .	У (семьи) Рамосов . . .	есть . . . /нет . . .
		спальня
		гостиная
		кабинет
		столовая
		подвал
		окно в подвале
		большой дом
		однокомнатная квартира
		кресло
		диван
		письменный стол
		стол для пинг-понга
		шкаф
		ковёр
		белая стена
		типичный американский дом

_____

_____

_____

_____

_____

_____

_____

_____

_____

_____

06-18. **(4. and 5. Having and not having)** Translate into Russian.

1. "Does Katya have an American newspaper?" "No, she does not."

   _____

   _____

2. Viktor does not have a brother.

   _____

3. "Does her mother have a big house?" "No, she has a very small house."

   _____

   _____

06-19. (6. Possession and "of") Make grammatically correct sentences out of the following strings of words. Do not change word order. When you are done, you will have a short text about Vadim and Anna's new apartment.

1. У / Вадим / и / Анна / новый / квартира. Вот / фотография / их / новый / квартира.

2. Это / их / большой / комната. Здесь / синий / кресло, / диван / и / стол. У / они / есть / цветной / телевизор.

3. Это / комната / Вадим / и / Анна. А вот / комната / их / дочь. У / она / компьютер / стоит / на / маленький / стол.

1. _____

   _____

2. _____

   _____

   _____

3. _____

   _____

   _____

06-20. (6. Possession and "of") Translate the following short passage into Russian. (Note: This connected passage has been divided into individual sentences.)

1. This is our family's apartment.

2. Here is grandmother's room. The walls of the room are white.

3. On the table is a picture of her brother and sister.

4. There is nice furniture in my mother and father's room.

1. _____

2. _____

3. _____

4. _____

06-21. (**7. Specifying quantity**) Fill in the blanks by putting the words in parentheses in appropriate forms.

1. У меня (два) _____ (сосед) _____ .

2. У Светы есть три (соседка) _____ .

3. В моей спальне (один) _____ (кровать) _____ и (два) _____

   (шкаф) _____ .

4. В доме три (этаж) _____ .

5. У Сергея четыре (кресло) _____ .

6. На столе лежало (один) _____ (письмо) _____ .

7. В этой квартире четыре (комната) _____ .

8. В гостиной (два) _____ (ковёр) _____ .

06-22. (**7. Specifying quantity**) Make ten meaningful, grammatically correct sentences by taking one word from each column. Do not change word order, but do put the words in the correct case.

У	мой твой наш ваш новый старый русский американский	сосед соседка студент студентка преподаватель мать дочь брат сестра бабушка Володи	один (одна, одно) два (две) три четыре	кровать диван стол телевизор кресло шкаф холодильник ковёр дверь окно стул

1. _____

2. _____

3. _____

4. _____

5. _____

6. _____

7. _____

8. _____

9. _____

10. _____

06-23. (**8. У кого: at someone's place, and review of days of the week**) Petya spends every afternoon at a different friend's house. Indicate where he spends each day. The first one is done for you.

1. пн Виктор

2. вт Жанна

3. ср Саша

4. чт Иван

5. пт Катя

6. сб Олег

7. вс Мария

1. *В понедельник Петя у Виктора.* _____

2. _____

3. _____

4. _____

5. _____

6. _____

7. _____

06-24. А вы? Now write 3–5 sentences indicating where you spend different days. Remember to use **в** or **на** + prepositional case for places, **у** + genitive case for "at someone's place."

_____

_____

_____

_____

_____

_____

06-25. **(Vocabulary review: adjectives of color)** Fill in the blanks with the appropriate form of the adjective.

Что у меня в шкафу*?

Здравствуйте! Меня зовут Елена Борисовна Максимова, и я хочу рассказать вам, что у меня в шкафу.

У меня есть [*light blue*] (1) _____ джинсы. Кроме того, у меня [*red*]

(2) _____ платье и [*green*] (3) _____ юбка. У моего мужа [*old*]

(4) _____ [*black*] (5) _____ брюки и [*white*] (6) _____ рубашка.

У него есть также [*yellow*] (7) _____ галстук. Мой муж спортсмен, и поэтому у него есть [*good*]

(8) _____ [*new*] (9) _____ кроссовки. У него также есть [*gray*]

(10) _____ пальто.

*в шкафу́ – *in the closet*

06-26. **(Review—personal inventory)**

a. List five items that you have in your closet and five pieces of furniture you have in your house, apartment, or dorm room. Put an adjective next to each item.

В шкафу   Дома

1. _____   1. _____

2. _____   2. _____

3. _____   3. _____

4. _____   4. _____

5. _____   5. _____

b. Write a short paragraph entitled **Что у меня в шкафу?** or **Что у меня в квартире (в комнате, в доме)?**

_____

_____

_____

_____

_____

_____

06-27. Снять квартиру? You are looking to rent a room or apartment in Moscow. Moscow is expensive, so you decide to concentrate on the outlying areas. You find the following ads on the Internet.

Новые слова:

бытово́й – for everyday use; household: **бытова́я те́хника** – household appliances

гарниту́р – kitchen cabinetry; kitchen furniture

пешко́м – by foot

пло́щадь – area

предлага́ть(ся) – to offer (to be offered)

ра́звитый – developed

ремо́нт – repair: **капита́льный ремо́нт** – renovation

сану́зел разде́льный/унифици́рованный – bathroom/toilet separate/together

снять кварти́ру – to rent an apartment

стира́льный, *adj. from* **стира́ть** – to launder

торго́вый центр – mall; shopping center

Цена	Площадь	Район	Метро	Улица
250 $	1 комната в 2-к кв.	Динамо	м. Динамо	ул. Юннатов

Предлагаем снять комнату в 2-комнатной квартире, 3-й этаж в 5-этажном доме, м. Динамо, 4 минуты пешком; 19 кв.м. с балконом, гарнитурная мебель, мягкая мебель, стол, стулья, ковер, пылесос, стиральная машина, холодильник, телевизор. Комната после ремонта, чисто и уютно.

Цена	Площадь	Район	Метро	Улица
550 $	1 комната	Кожуховский	м. Кожуховская	ул. П. Романова

Квартира после капитального ремонта. Телефон, телевизор, холодильник, стиральная машина автомат—все новое. Диван, шкаф импортные, новые. Санузел раздельный. Кухня-гарнитур.

Цена	Площадь	Район	Метро	Улица
750 $	1 комната	Алтуфьево	м. Алтуфьево	ул. Илимская

Предлагается в аренду однокомнатная квартира, 5 мин. пешком от станции метро. Квартира находится в районе с развитой инфраструктурой, рядом супермаркет, торговый центр, фитнесс-клуб. Квартира расположена на 5-ом этаже 9-этажного дома. Площадь комнаты 19 м^2, кухни 9 м^2. Есть балкон. В квартире недавно закончен капитальный ремонт, на полу ламинат. В комнате стоит большой зеркальный шкаф и мягкая мебель. На кухне—встроенный кухонный гарнитур. Есть вся бытовая техника.

Now pick one of the available places and write a brief statement of what you like or don't like about the place. You can use the following phrases.

Я нашёл (нашла) место недалеко от станции метро _____.
I found a place not far from metro station _____ (the name of the station won't decline here).

Я хочу снять эту квартиру (комнату), потому что в ней есть . . .

Хорошо, что там есть . . .

(Но) плохо, что нет. . . .

Квартира (комната) дорого стоит: _____ долларов.

Хорошо, что квартира не так дорого стоит, только _____ долларов.

_____
_____
_____
_____
_____
_____
_____
_____

06-28. Новая квартира в Москве. Your company has just purchased an unfurnished two-room apartment in Moscow. You have been asked to furnish it yourself.

1. List at least ten items you would like to buy. Use at least one adjective with each item.

2. Read the ads in Exercise 6-32 of the textbook to see if they include any of the items on your list. If so, jot down the telephone numbers next to the appropriate items on your list.

3. For one of the advertised items on your list, place a phone call or write a message to find out whether it is still available, and whether it is suitable (e.g., if you wanted a red rug, ask if the rug advertised is red or some other color).

4. Assume that you have been able to purchase everything you wanted for the apartment. Write a letter to your Russian friends in the States describing your new apartment.

●Видео

🎬 **06-29. Новые слова.** Read the following vocabulary in preparation for watching the video. When you have completed your reading, mark accordingly.

одногру́ппница – college classmate (person in the same section or **гру́ппа**)

снима́ть (снима́ю) кварти́ру – to rent an apartment

гарниту́р – furniture set

меня́ть (меня́ю, меня́ют) – to change; to switch

наза́д (also **тому́ наза́д**) – ago: **де́сять лет (тому́) наза́д**

строи́тельные материа́лы – building materials

телеви́зор на . . . програ́мм – TV with reception of . . . channels.

Програ́мма usually means "program," but sometimes it means "channel."

❏ Yes, I have completed this activity.

❏ No, I have not completed this activity.

🎬 **06-30. Numbers as part of adjectives:** *a **three-room** apartment*. Read the following information in preparation for watching the video. When you have completed your reading, mark accordingly.

Compound number-adjectives are formed from the *genitive* case of the number plus an adjective. You have already seen some genitive forms of numbers. Here are some examples of how these words are put together.

Number	Genitive	Example of number adjective
одно	*Not used*	**одноко́мнатная** кварти́ра
два	**двух**	**двухэта́жный** дом
три	**трёх**	**трёхко́мнатная** кварти́ра
четыре	**четырёх**	**четырёхка́ртриджный** при́нтер
пять – десять	**пяти́, шести́, семи́** **восьми́, девяти́, десяти́**	**пятирублёвая** моне́тка

❏ Yes, I have completed this activity.

❏ No, I have not completed this activity.

06-31. Кто где живёт? Match the people to their living situations.

1. ___ Нáдя

a. Rents a suburban apartment with her sister.

2. ___ Денúс

b. Lives with parents in a three-room Moscow apartment.

3. ___ Евгéния

c. Lives in a dorm with a classmate.

4. ___ Жéня

d. Lives in a dorm room for which a refrigerator was bought.

5. ___ Валéрия

e. Lives with parents in a four-room apartment.

6. ___ Надéжда

f. Rents an apartment with a friend close to school.

7. ___ Артём

g. Shares a two-room apartment with a friend.

06-32. Семья Кудряшовых. Что из этого вы слышали в этом фрагменте? Check all that apply.

a. _____ Кудряшовы делают ремонт на кухне.

b. _____ Для Елены главное в коридоре — это зеркало.

c. _____ На балконе у Кудряшовых сушится бельё (*laundry is drying*).

d. _____ Таня сегодня сдала (*passed*) экзамены в школе.

e. _____ У Саши вся мебель белая.

f. _____ Их дочь Саша школьница.

06-33. Семья Гущенко. What was said of the repairs the Gushchenkos are making in their kitchen? Select the response that most closely matches the video.

a. _____ Redoing the gas and electrical appliances.

b. _____ Switching carpenters and electricians.

c. _____ Selling their old gas stove.

d. _____ Retiling the floor.

06-34. Watch the segment again. Based on what you hear, write the correct stems and endings in the blanks to complete the script. Each stem provided is used only once.

Stems	Endings: hard/soft
воспитанн-	-ый/-ий
приятн-	-ая/-яя
уютн-	-ое/-ее
хорош-	-ые/-ие

Текст видеоклипа

Валера говорит:

Я считаю, что это очень (1) _____ дом. Здесь очень (2) _____ соседи, очень

(3) _____ , (4) _____ люди. И сам по себе дом очень (5) _____ .

06-35. Дача Сегаля. Что чему соответствует? Match the pictures with the Russian words. If there is no matching picture, write X.

1. _____ диван-кровать

2. _____ газовая плита

3. _____ зеркало

4. _____ камин

5. _____ кухонный гарнитур

6. _____ мойка

7. _____ ночной столик

8. _____ посуда

9. _____ решётка

a.

b.

c.

d.

e.

f.

06-36. Что вы узнали о даче Сегалей? Fill in the blanks with what is said on the video. Write out numbers as digits, not words.

> **Сколько квадратных метров?**
>
> The housing shortage that characterized the decades of Soviet rule left a deep imprint on generations of Russians. No wonder one of the first questions Russians ask about housing is about square meterage. To understand Mark Segal's description of his dacha, refer to the discussion of living space in Unit 6 in the textbook.

1. When did Mark Segal begin building his dacha? _____ years ago.

2. How big is Mark Segal's first-floor area? _____ square meters.

3. Who is Mark Segal's favorite artist?

   a. Renoir

   b. Monet

   c. Van Gogh

Наша семья

Устные упражнения

🔊 **Oral Drill 1 (Vocabulary: family members; review of genitive after нет)** Respond that the people mentioned do not have the family members in the prompt.

У Маши есть сестра? ➞ Нет, у Маши нет сестры.

У Бори есть младший брат?
У Антона есть дядя?
У Анны есть бабушка?

У Киры есть сын?
У Саши есть дети?
У Жени есть сводная сестра?

🔊 **Oral Drill 2 (Family vocabulary and irregular nominative plurals)** When asked who works in a given place, pluralize the answer and add the modifier наш as in the model.

Кто работает здесь? (сестра) ➞ Здесь работают наши сёстры.

брат, мать, дочь, сын, ребёнок, двоюродная сестра, двоюродный брат, сводный брат

🔊 **Oral Drill 3 (1. Родились, выросли)** Ask the following people where they were born and grew up.

Анна ➞ Анна, где ты родилась и выросла?

Нина Николаевна ➞ Нина Николаевна, где вы родились и выросли?

Борис, Кира, Анна Петровна, Маша, Миша, Маша и Миша, Вадим, Валентин Павлович

🔊 **Oral Drill 4 (2. Age and dative case of pronouns)** After asking for the name, ask how old the person is.

Как зовут вашего отца? ➞ Сколько ему лет?

Как зовут твоего друга? ➞ Сколько ему лет?

Как зовут . . .

твою сестру, вашу тётю, твою бабушку, маму и папу, их племянницу, вашего дедушку, их детей, твою подругу, вашего племянника, его мачеху

🔊 **Oral Drill 5** (**3. Genitive plural: ending ➝ no ending, -ий from -ия, -ие**) When asked if there is a certain building in a city, say that there are many.

> Здесь есть общежи́тие? ➝ Да, здесь мно́го общежи́тий.

Здесь есть . . .

шко́ла? библиоте́ка? общежи́тие? аудито́рия?
больни́ца? поликли́ника? телеста́нция? лаборато́рия?

🔊 **Oral Drill 6** (**3. Genitive plural: ending ➝ no ending with fill vowel**) Practice asking people how many of the following they have.

> сосе́дка ➝ Ско́лько у вас сосе́док?
>
> письмо́ ➝ Ско́лько у вас пи́сем?

окно́, ба́бушка, ру́чка, блу́зка, руба́шка, студе́нтка, сестра́, су́мка, кре́сло

🔊 **Oral Drill 7** (**3. Genitive plural: ь ➝ -ей**) When asked where someone or something is, respond that there are none of those where you are.

> Где преподава́тель? ➝ Здесь нет преподава́телей.
>
> Где секрета́рь? ➝ Здесь нет секретаре́й.

Где . . .

библиоте́карь? писа́тель? учи́тель? секрета́рь? слова́рь? крова́ть?

🔊 **Oral Drill 8** (**3. Genitive plural: after ж, ш, щ, and ч ➝ -ей**) When asked if one of the following things is here, say that there are five of them.

> Здесь оди́н врач? ➝ Нет, здесь пять враче́й.
>
> Здесь оди́н каранда́ш? ➝ Нет, здесь пять карандаше́й.

Здесь оди́н . . . ?

гара́ж, врач, каранда́ш, эта́ж

◆)) Oral Drill 9 (3. Genitive plural: -ов/-ев) When asked where people are, say they're not here.

Где бизнесме́ны?	**→**	Здесь нет бизнесме́нов.
Где америка́нцы?	**→**	Здесь нет америка́нцев.

Где . . .

архите́кторы? бухга́лтеры? журнали́сты? программи́сты? ме́неджеры? продавцы́?
худо́жники? стомато́логи? не́мцы? профессора́? япо́нцы? францу́зы? кита́йцы?

◆)) Oral Drill 10 (3. Genitive plural: special cases and exceptions) Ask how many of the following people or things are here.

роди́тели	**→**	Ско́лько здесь роди́телей?
семья́	**→**	Ско́лько здесь семе́й?

сын, брат, де́ти, роди́тели, друг, стул, пла́тье, сосе́д

◆)) Oral Drill 11 (3. Genitive plural of modifiers and nouns) When asked where certain people are, say that you do not know the whereabouts of the group.

Где америка́нские студе́нты?	**→**	А здесь нет америка́нских студе́нтов.
Где неме́цкие врачи́?	**→**	А здесь нет неме́цких враче́й.

Где францу́зские ме́неджеры?
Где кита́йские тури́сты?
Где неме́цкие инжене́ры?
Где ру́сские преподава́тели?
Где брази́льские журнали́сты?
Где ара́бские диплома́ты?
Где кана́дские спортсме́ны?

◆)) Oral Drill 12 (4. Genitive plural with ско́лько) When you are told that various people have certain relatives, ask how many.

У Ле́ны есть бра́тья.	**→**	Ско́лько у неё бра́тьев?
У Вади́ма есть друзья́.	**→**	Ско́лько у него́ друзе́й?

У Ка́ти есть сыновья́.
У Вади́ма есть до́чери.
У Ната́ши есть сёстры.
У преподава́теля есть де́ти.
У меня́ есть бра́тья.

🔊 **Oral Drill 13 (4. Genitive and age telling)** Ask the ages of the following people.

она́ — два	➡	Ей два го́да?

он — 14	они́ — 13
она́ — 21	ты — 6
вы — 63	она́ — 44

🔊 **Oral Drill 14 (2. and 4. Age) Ско́лько им лет?** The first person is twenty-one. Each person in the list is one year older than the previous one. Follow the pattern.

Вот Ива́н.	➡	Ему́ два́дцать оди́н год.
Вот Людми́ла.	➡	Ей два́дцать два го́да.
Вот мои друзья́.	➡	Им два́дцать три го́да.

Вот . . .

Анна, мой брат, наш о́тчим, его́ тётя, её сосе́дки по ко́мнате, его́ сосе́д по ко́мнате, мой большо́й друг и я, мои́ друзья́, мои́ сво́дные бра́тья, Вале́рий Петро́вич

🔊 **Oral Drill 15 (4. Numbers of brothers and sisters)** State that the person has the number of brothers and sisters given in the prompt.

— У Са́ши есть бра́тья и́ли сёстры? (два и ноль)
— У Са́ши два бра́та, но нет сестёр.
— У отца́ есть бра́тья и́ли сёстры? (оди́н и две)
— У отца́ оди́н брат и две сестры́.

У ма́мы . . . (два и две)
У вну́ка . . . (ноль и две)
У Алёши . . . (три и ноль)
У Ле́ны . . . (пять и ноль)
У Ви́ти . . . (два и три)
У Серёжи . . . (два и одна́)
У отца́ . . . (оди́н и две)
У вну́чки . . . (два и две)
У дру́га . . . (оди́н и одна́)
У Са́ши . . . (три и одна́)
У Со́ни . . . (ноль и четы́ре)
У Тама́ры . . . (ноль и пять)

⚫ 🔊 **Oral Drill 16 (4. Number of children)** Use the prompts to tell how many children there are in the families asked about.

Ско́лько дете́й в семье́ Ка́ти и Вади́ма? (два) ➡ У них дво́е дете́й.

Ско́лько дете́й в семье́ ... ?

... Ки́ры и Ди́мы (три)
... Яши и Со́ни (оди́н)
... Та́ни и Ми́ши (четы́ре)
... Ма́ши и То́ли (пять)
... Анны и Са́ши (два)

🔊 **Oral Drill 17 (5. Comparing ages)** You learn how old some new acquaintances are. State who is younger and by how many years.

На́сте 18 лет. Поли́не 20 лет. ➡ На́стя моло́же Поли́ны на два го́да.
Ки́ре 17 лет. Поли́не 20 лет. ➡ Ки́ра моло́же Поли́ны на три го́да.

Ки́ре 17 лет. На́сте 18 лет.
Кири́ллу 19 лет. Поли́не 20 лет.
⚫ Ки́ре 17 лет. Кири́ллу 19 лет.
Са́ше 15 лет. Мари́и 23 го́да.
Па́влу 14 лет. Мари́и 23 го́да.
На́сте 18 лет. Поли́не 20 лет.
Ви́ктору 13 лет. Кири́ллу 19 лет.
Ла́ре 12 лет. Ви́ктору 13 лет.

🔊 **Oral Drill 18 (5. Comparing ages)** You learn how old some new acquaintances are. State who is older and by how many years.

Лю́бе 20 лет. Ки́ре 17 лет. ➡ Лю́ба ста́рше Ки́ры на три го́да.
На́сте 18 лет. Ки́ре 17 лет. ➡ На́стя ста́рше Ки́ры на́ год.

Ви́ктору 13 лет. Ло́ре 12 лет.
Лю́бе 20 лет. Ви́ктору 13 лет.
Кири́ллу 19 лет. Са́ше 15 лет.
Мари́и 23 го́да. Ла́ре 10 лет.
Лю́бе 20 лет. Ла́ре 10 лет.
Ви́ктору 13 лет. Его́ сестре́ 11 лет.
Мари́и 23 го́да. Ле́не 12 лет.
Са́ше 15 лет. Па́влу 14 лет.
Ми́ше 18 лет. Его́ сво́дной сестре́ 12 лет.

🔊 **Oral Drill 19 (6. Accusative case of pronouns)** Answer "yes" to the questions, replacing nouns with pronouns.

Вы зна́ете Ма́шу?	➡	Да, мы её зна́ем.
Вы чита́ете газе́ту?	➡	Да, мы её чита́ем.
Вы чита́ете газе́ты?	➡	Да, мы их чита́ем.

Вы слу́шаете класси́ческую му́зыку?
Вы зна́ете Макси́ма?
Вы писа́ли э́ти пи́сьма?
Вы лю́бите ру́сский язы́к?
Вы лю́бите му́зыку?
Вы лю́бите джаз?
Вы зна́ете нас?
Вы зна́ете меня́?
Вы зна́ете моего́ о́тчима?
Вы зна́ете Ольгу и Ири́ну?
Вы понима́ли э́ти те́ксты?

🔊 **Oral Drill 20 (7. Зову́т + accusative case)** When your friends ask you the name of a close relative, respond, "You mean, you don't know my brother's (sister's, mother's . . .) name?!"

Это ваш брат? Как его́ зову́т?	➡	Вы не зна́ете, как зову́т моего́ бра́та?

Это ваш де́душка? Как его́ зову́т?
Это ваш ста́рший брат? Как его́ зову́т?
Это ва́ша мла́дшая сестра́? Как её зову́т?
Это ваш оте́ц? Как его́ зову́т?
Это ва́ша племя́нница? Как её зову́т?
Это ва́ша ба́бушка? Как её зову́т?
Это ваш де́душка? Как его́ зову́т?
Это ва́ша ста́ршая дочь? Как её зову́т?
Это ва́ша мать? Как её зову́т?
Это ваш мла́дший сын? Как его́ зову́т?
Это ва́ша ма́чеха? Как её зову́т?

🔊 **Oral Drill 21 (8. Accusative case)** Ask your friend if he or she knows your friends and relatives.

мой друг	➡	Ты зна́ешь моего́ дру́га?
моя́ тётя	➡	Ты зна́ешь мою́ тётю?

мой оте́ц, моя́ ма́ма, мой но́вый друг, моя́ ста́ршая сестра́, мой мла́дший брат, мой двою́родный брат, моя́ сво́дная сестра́, мой па́па, моя́ ба́бушка, моя́ тётя, мой о́тчим, моя́ племя́нница, моя́ мать, моя́ ма́чеха, мой де́душка, мой дя́дя, мой племя́нник

● Фонетика и интонация

🔊 **07-01. IC-2 for emphasis.** Read the following information. When you have completed your reading, mark accordingly.

Up until now, you have seen IC-2 in questions with a question word, in imperatives, and in nouns of address:

Мэ́ри, скажи́, где живу́т твои́ роди́тели?

IC-2 is also used in place of IC-1 in normal declarative sentences to indicate emphasis.

IC-1 (No emphasis):

Твои́ роди́тели **не ста́рые.**

● IC-2 (Emphasis on **не ста́рые**):

Твои́ роди́тели совсе́м **не ста́рые.**

At first you may perceive that IC-2 conveys more a feeling of anger than emphasis. However, for speakers of Russian, IC-2 is not associated with anger or annoyance.

❏ Yes, I have completed this activity.

❏ No, I have not completed this activity.

🔊 **07-02.** Select the words whose stressed syllable you think should have IC-2 intonation. If the sentence does not have any IC-2 intonation, then select the word "none" at the end of the sentence. Then listen to the recording to see if you were correct.

> — **Ве́ра, кто** э́то? Твой **оте́ц?**
>
> — **Что́** ты! Это мой **де́душка!**

●

1. — Жа́нна, кто э́то на фотогра́фии?   None

2. — Это мой де́душка.   None

3. — Но он совсе́м не ста́рый! Ско́лько ему́ лет?   None

4. — Ему́ се́мьдесят. А вот фотогра́фия ба́бушки.   None

5. — Ба́бушка то́же молода́я!   None

6. — Что ты! Ей то́же се́мьдесят!   None

07-03. Listen to the following sentences and determine which have normal declarative intonation (IC-1) and which are emphatic (IC-2). Mark the stressed word in each sentence with the appropriate intonation number and punctuate accordingly: a period for IC-1 sentences and an exclamation point for IC-2.

Это [ ] мой [ ] оте́ц [**1**] [**.**]

Это [ ] мой [ ] *отéц* [**2**] (а не брат) [**!**]

---

1. — У вас [ ] больша́я [ ] семья́ [ ][ ] | А у нас [ ] ма́ленькая [ ] семья́ [ ][ ]

   — Нет [ ][ ] | Что вы [ ][ ] | У нас [ ] ма́ленькая семья́ [ ]: | дво́е дете́й [ ][ ]

2. Оте́ц [ ] преподаёт [ ] матема́тику [ ] в университе́те [ ][ ]

   Он [ ] та́кже [ ] преподаёт [ ] фи́зику [ ][ ]

3. Ве́ра [ ] уже́ [ ] не у́чится [ ] в шко́ле [ ][ ] | Она́ [ ] у́чится [ ] в университе́те [ ][ ]

4. — Это [ ] на́ша [ ] ку́хня [ ][ ]

   — У меня [ ] така́я [ ] же ку́хня [ ][ ]

5. Вот [ ] наш [ ] дом [ ][ ] | Это [ ] на́ша [ ] больша́я [ ] ко́мната [ ][ ] | А э́то [ ] на́ша [ ]

   ма́ленькая [ ] ко́мната [ ][ ]

⬤ Письменные упражнения

07-04. (1. Родился, вырос) Биография. Fill in the blanks.

родился	родилась	родились
вырос	выросла	выросли

А. Мария Александровна (1) _____ в Москве, а

(2) _____ в Киеве. Её муж Сергей Иванович

(3) _____ в Ялте, а (4) _____ в Санкт-Петербурге. Теперь они

живут в Санкт-Петербурге, где (5) _____ их дети.

Б. — Мария Александровна, где вы (6) _____ ?

— Я (7) _____ в Москве.

— И там (8) _____ ?

— Нет, я (9) _____ в Киеве.

07-05. (1. Родился, вырос) Биография. Now complete the following dialog using your own information.

— Где ты (1) _____ ?

— Я (2) _____ _____ .

— И там (3) _____ ?

— (4) _____ , я (5) _____ _____ .

— А твои родители где (6) _____ и (7) _____ ?

— (8) _____

(9) _____

07-06. (2. Dative case of pronouns; age) Fill in the blanks with the appropriate pronouns.

1. Это ваша бабушка? Сколько _____ лет?

2. Это ваш племянник? Сколько _____ лет?

3. Это ваш брат? Сколько _____ лет?

4. Это ваши сёстры? Сколько _____ лет?

5. Это ты? Сколько _____ лет?

6. Это вы? Сколько _____ лет?

7. Это ваши родители? Сколько _____ лет?

8. Это ваш отчим? Сколько _____ лет?

9. Это ты и сестра? Сколько _____ лет?

10. Это ваша дочь? Сколько _____ лет?

07-07. **(3. Genitive plural)** In preparation for an interview with a representative of the city council, prepare to ask how many of the following institutions there are in the town by completing the sentences. The first one is done for you. **Ско́лько** – *how many* always takes genitive.

1. институт ➡ *Сколько у вас институтов?* _____

2. библиотека: Сколько у вас _____ ?

3. гараж: Сколько у вас _____ ?

4. общежитие: Сколько у вас _____ ?

5. поликлиника: Сколько у вас _____ ?

6. музей: Сколько у вас _____ ?

7. ресторан: Сколько у вас _____ ?

8. больница: Сколько у вас _____ ?

9. телестанция: Сколько у вас _____ ?

10. школа: Сколько у вас _____ ?

11. магазин: Сколько у вас _____ ?

07-08. **(3. Genitive plural)** How would you ask whether the following people have the things in question?

новые студенты — книги ➡ У новых студентов есть книги?

1. американские туристы — документы

_____

2. новые учительницы — хорошие идеи

_____

3. эти русские студенты — учебники

_____

4. немецкие врачи — визы

_____

5. ваши друзья — новая мебель

_____

6. его младшие братья — хобби

_____

7. ваши старшие сёстры — работа

_____

07-09. **(3. Genitive plural)** Write ten meaningful, grammatically correct sentences by combining one element from each of the columns below. Do not change word order, but do change the endings on the modifiers and nouns where necessary.

У	наши соседи мои сёстры твои братья наши родители американские студенты русские семьи молодые музыканты немецкие бизнесмены ваши друзья	есть нет	маленькие дети красивые дома сыновья и дочери интересные хобби новые общежития симпатичные друзья братья и сёстры большие квартиры синие платья

1. _____
2. _____
3. _____
4. _____
5. _____
6. _____
7. _____
8. _____
9. _____
10. _____

07-10. **(3. and 4. Number of people in the family) Вопросы о семье.** Answer the questions in complete sentences, following the models. Write numbers out as words and replace names with pronouns.

| Сколько детей у Василия Ивановича? (2) ➡ У него двое детей. |
| Сколько братьев у Сони? (2)   ➡ У неё два брата. |

1. Сколько сестёр у Кирилла? (2)

   _____

2. Сколько братьев у Марии? (4)

   _____

3. Сколько детей у Анны Фёдоровны? (4)

   _____

4. Сколько детей у Нади и Вадима? (1)

   _____

5. Сколько детей у Бориса Павловича? (3)

   _____

07-11. **(3. and 4. Number of people in the family) Вопросы о семье.** Answer the following questions in complete sentences about yourself.

1. Сколько братьев и сестёр у вашего папы?

   _____

2. Сколько братьев и сестёр у вашей мамы?

   _____

3. Сколько у вас братьев и сестёр?

   _____

4. Сколько детей у ваших родителей?

   _____

5. Сколько у вас детей?

   _____

07-12. **(3. and 4. Number of people in the family) Семья.** Give the Russian equivalents of the following sentences.

1. "How many brothers and sisters do you have?"

   _____

2. "I have two sisters and a brother."

   _____

3. "How many children are there in your family?"

   _____

4. "There are three children in our family: myself and two brothers."

   _____

5. "Does Sasha have brothers and sisters?"

   _____

6. "No, he doesn't have any brothers and sisters. He is an only child."

   _____

07-13. (**5. Comparing ages**) Create grammatically correct sentences from the following strings of words. Do not change word order, but *do put the words in the needed case.* Write out numbers as words.

1. Витя / моложе / Таня / на / 3 / год

   _____

2. Таня / старше / Кирилл / на / 6 / год

   _____

3. Кирилл / старше / Лариса / на / 1 / год

   _____

4. Лариса / моложе / Вадим / на / 2 / год

   _____

07-14. (**5. Comparing ages**) Write five sentences comparing the ages of various members of your family.

> Мама на три года старше папы. *или* Мама старше папы на три года.

1. _____
2. _____
3. _____
4. _____
5. _____

07-15. (**2.–7. Age and names**) **Диалоги.** Translate into Russian the following dialogs. Supply information about yourself in the blanks in the first dialog.

A. "What's your name?" (Use **ты.**)

1. _____

   "My name is Sasha."

2. _____

   "How old are you?"

3. _____

   "I'm 19 years old."

4. _____

   "These are my friends. They're eighteen years old. Their names are Kira and Masha."

5. _____

   _____

   _____

Б. "What are your names?"

6. _____

"Our names are Zina and Kirill."

7. _____

"How old are you?"

8. _____

"We're twenty-one years old."

9. _____

07-16. (2.–7.) **О семье.** For each cue below, write a four-line dialog following the model. *Write out the numbers!*

младший брат — Саша, 10	— Как зовут вашего младшего брата?
	— Его зовут Саша.
	— Сколько ему лет?
	— Ему десять лет.

старший брат — Володя, 19

1. _____
2. _____
3. _____
4. _____

сводная сестра — Лена, 23

5. _____
6. _____
7. _____
8. _____

отец — Валерий Михайлович, 45

9. _____
10. _____
11. _____
12. _____

мать — Мария Петровна, 41

13. _____
14. _____
15. _____
16. _____

бабушка — Лидия Максимовна, 68

17. _____
18. _____
19. _____
20. _____

дедушка — Михаил Константинович, 72

21. _____
22. _____
23. _____
24. _____

07-17. **(General review) Вопросы о себе.** Answer these questions in complete sentences.

1. Как вас зовут?

   _____

2. Кто вы по профессии?

   _____

3. Где вы работаете?

   _____

4. Где вы родились?

   _____

5. Вы там выросли?

   _____

6. Где живут ваши родители?

   _____

7. Кто они по профессии?

   _____

8. Где они работают?

   _____

9. Сколько у вас братьев и сестёр?

   _____

10. Как их зовут?

    _____

11. Они работают или учатся? Где?

    _____

12. Сколько у вас детей?

    _____

13. Как их зовут?

    _____

14. Они учатся или работают? Где?

    _____

07-18. (General review) Письмо. Fill in the blanks in the following letter to a friend.

Дорогой Павел!

Спасибо за интересное письмо. Ты [say] (1) _____ , что ты хочешь знать больше [about our family] (2) _____ . У нас [small] (3) _____ _____ семья: я, сестра, отец и мать. [Brothers] (4) _____ у меня нет.

[My father is named] (5) _____ Пётр Дмитриевич. [He is fifty-two years old] (6) _____ . Ты, наверное, хочешь знать, [what he does for a living] (7) _____ . Он врач, работает [in a big hospital] (8) _____ . Папа у меня очень [serious] (9) _____ и думает только [about work] (10) _____ . Я [love him a lot] (11) _____ .

[Mother is named] (12) _____ Софья Петровна. Она [was born] (13) _____ и [grew up] (14) _____ [in a small city] (15) _____ [in Latvia] (16) _____ .

Сейчас немного [about my sister] (17) _____ . [She's seventeen] (18) _____ , и она [is in school – use verb, not школа] (19) _____ в [tenth] (20) _____ классе. Она очень хочет [to go to college – do not use the verb "go"] (21) _____ . Сестра у меня очень [bright] (22) _____ и [nice] (23) _____ .

В следующем письме я [want] (24) _____ рассказать* [about our city] (25) _____ .

[Yours] (26) _____

Анна

*рассказа́ть – to recount

07-19. **(General review) Интервью.** Half of the transcript of an interview has been lost. Reconstruct the interviewer's part.

1. — _____

— Меня зовут Кирилл Павлович.

2. — _____

— Мне сорок один год.

3. — _____

— Я бухгалтер.

4. — _____

— Я работаю на большом заводе.

5. — _____

—Я думаю, что это интересная работа.

6. — _____

— У меня двое детей — сын и дочь.

7. — _____

— Он учится в первом классе.

8. — _____

— Она учится в пятом классе.

9. — _____

— Да, они любят учиться.

10. — _____

— Мою жену зовут Катя.

11. — _____

— Ей тридцать пять лет.

12. — _____

— Она работает в лаборатории.

13. — _____

—Пожалуйста. До свидания.

07-20. О нашей семье. Look at the pictures and write a paragraph of at least 10 sentences about the family depicted.

07-21. Выступление. Prepare a two-minute oral presentation on your family. Give it without looking at your notes.

07-22. Резюме. Using the résumés from **Дава́йте почита́ем, 7-34** in the textbook, write a résumé for yourself or an acquaintance. Stay as close to the original as possible. Have your teacher help you with any specialized vocabulary.

07-23. О мое́й семье. You are studying in Russia next semester. Write your future Russian host family about your family members. Give their names, ages, professions, where they live and work or study—as much information as you can. Remember, as always, to begin your message with **Дорого́й/Дорога́я/Доро́гие . . . !** and to end it with **Ваш/Ва́ша** and your name.

07-24. Биогра́фия. Choose a public figure (actor, writer, politician) and look up his or her profile on a Russian site, such as **www.peoples.ru** or Russian Wikipedia, **http://ru.wikipedia.org/wiki/**. Get as much information as you can about that person's family and career, and write a 10-sentence paragraph about this person, using only the Russian you know.

Видео

07-25. **Новые слова.** Read the following new vocabulary in preparation for watching the video. When you have finished reviewing the vocabulary, mark accordingly.

война́ – war

до войны́ – before the war

во вре́мя войны́ – during the war

выходи́ть/вы́йти за́муж (*за кого́*/accusative) – to get married (*said of a woman*)

Она́ выхо́дит за́муж за Са́шу. – She's getting married to Sasha.

Она́ вы́шла за́муж за Са́шу. – She got married to Sasha.

жена́т(ы) – married (*of a man or of a couple*)

(по)жени́ться – to get married (*said of a man or a couple*)

класс – grade in school; social class (**вы́сший: \$\$\$, сре́дний: \$\$, ни́зший: \$**)

умере́ть – to die (past tense: **у́мер, умерла́, у́мерли**)

❑ Yes, I have completed this activity.

❑ No, I have not completed this activity.

07-26. Listening for dates. Read the following information on dates in preparation for watching the video. When you have finished reviewing this material, mark accordingly.

These sequences are filled with references to dates: years of the twentieth century. Look at these examples:

Дочь родила́сь в 1982 (ты́сяча девятьсо́т во́семьдесят второ́м) году́.
My daughter was born in the one thousand nine hundred eighty-second year.

Мы здесь жи́ли до 1941 (ты́сяча девятьсо́т со́рок пе́рвого) го́да.
We lived here until the one thousand nine hundred forty-first year.

❑ Yes, I have completed this activity.

❑ No, I have not completed this activity.

⬤ Often the 19 . . . (**тысяча девятьсо́т**) is dropped: **до '41 (со́рок пе́рвого) го́да.**

Now practice listening to these dates:

до 1925 го́да

в 1940 году́

после 1949 го́да

в 1954 году́

в 1982 году́

до 1998 го́да

07-27. Лилиана. Что вы узнали о Лилиане? Fill in the blanks with the numbers said on the video.

Мужу (1) _____ лет. Дочке (2) _____ лет. Она будет учиться в школе, в (3) _____-ом классе.

07-28. Студенты. Что вы узнали о семьях этих студентов? Select the name of the student described in each statement.

1. _____ : Единственный ребёнок.

   a. Аня

   b. Надя

   c. Катя

   d. Кристина

2. _____ : Живёт в Карелии.

   a. Аня

   b. Надя

   c. Катя

   d. Кристина

3. _____ : Мать работает в турбизнесе.

   a. Аня

   b. Надя

   c. Катя

   d. Кристина

4. _____ : Младшей сестре 19 лет.

   a. Аня

   b. Надя

   c. Катя

   d. Кристина

5. _____ : Родители в разводе.*

   a. Аня

   b. Надя

   c. Катя

   d. Кристина

6. _____ : Младшая сестра тоже учится в Невском институте.

   a. Аня

   b. Надя

   c. Катя

   d. Кристина

* **в разво́де** – *divorced*

07-29. Инна. Watch the video segment about Inna. Select the fact said on the video with regard to each of the people below.

1. _____ Inna

    a. younger sibling

    b. from a middle-class family

    c. from St. Petersburg

    d. 25 years' experience

    e. factory work

2. _____ Elena

    a. younger sibling

    b. from a middle-class family

    c. from St. Petersburg

    d. 25 years' experience

    e. factory work

3. _____ Ilya

    a. younger sibling

    b. from a middle-class family

    c. from St. Petersburg

    d. 25 years' experience

    e. factory work

07-30. Ещё об Инне. Now listen for the following details and select the appropriate response to each question according to what is said on the video.

1. Inna's parents worked for twenty-five years. What was their profession?

    a. engineering

    b. translating

    c. managing

    d. banking

2. Inna's boyfriend is in graduate school writing a thesis. In what field?

    a. engineering

    b. translating

    c. managing

    d. banking

3. How did Inna meet her boyfriend?

    a. at work

    b. on vacation

    c. at her parents'

    d. through the Web

07-31. Всеволод Осипов. Что чему соответствует? Match the answers.

1. _____ Катя
2. _____ Света
3. _____ Ира

a. старшая дочь
b. младшая дочь
c. жена

07-32. Дина Александровна. Find out what you can about Dina Aleksandrovna. Check all the statements that are true.

a. _____ Born in Moscow.

b. _____ Born in 1945.

c. _____ Evacuated to the Tatar Republic during World War II.

d. _____ She and her mother had the same profession.

e. _____ Worked for forty-five years in a hospital.

07-33. Ирина Николаевна. Find out what you can about this grandmother and her granddaughter. Select the appropriate response according to what is said on the video.

1. What is true of Irina's childhood? Check all that apply:

   a. _____ Her parents died in the war.

   b. _____ Her grandparents were pediatricians.

   c. _____ She spent her childhood outside Russia.

   d. _____ She lived in the Tatar Republic.

2. What do we know about Irina Nikolaevna's granddaughter? Check all that apply.

   a. _____ She's four years old.

   b. _____ Her name is Liza.

   c. _____ Her mother is a translator.

   d. _____ Her father lives in the Tatar Republic.

07-34. Зоя Османовна. Write in the last two digits of each of the years in which the events listed took place.

1. 19 _____   Александр Казаков идёт в армию.

2. 19 _____   Немцы оккупируют Ростов-на-Дону.

3. 19 _____   Зоя вместе с семьёй уезжает в Новороссийск.

4. 19 _____   Зоя выходит замуж за Александра Казакова.

5. 19 _____   Молодожёны переезжают в Ленинград.

6. 19 _____   Александр Николаевич умирает.

В магазине

Устные упражнения

🔊 **Oral Drill 1 (1. Past tense of быть)** When asked if various people have been to the store, say that they have.

— Пе́тя был в магази́не?	➡	— Да, он там был.
— А Ка́тя?	➡	— Да, она́ там была́.

вы, сестра́ Вади́ма, Вади́м, бра́тья Ве́ры, Вале́рия Никола́евна, но́вые сосе́ди, ме́неджер

🔊 **Oral Drill 2 (1. Past tense of быть)** You are told someone or something was here. Imagine that you didn't hear what it was. Ask who (or what) was here.

— Здесь была́ шко́ла.	➡	— Что здесь бы́ло?
— Здесь была́ ма́ма.	➡	— Кто здесь был?

Здесь . . .

был па́па
был сви́тер
была́ его́ вну́чка
бы́ли роди́тели
бы́ли де́ти
бы́ли брю́ки
был брат
бы́ли ту́фли

🔊 **Oral Drill 3 (2. Past tense of есть = был)** When asked if you have certain things, say you used to have them.

— У вас есть кни́ги?	➡	— Нет, но у меня́ бы́ли кни́ги.

У вас есть . . . ?

маши́на, де́ньги, кварти́ра, большо́е окно́, компью́тер, ла́зерный при́нтер, ди́ски, пле́ер

173

🔊 **Oral Drill 4 (2. Past tense of нет = нé было and review of genitive)** Say the following things were not here.

нóвая маши́на	➡	Здесь нé было нóвой маши́ны.
хорóшие компью́теры	➡	Здесь нé было хорóших компью́теров.

большóе окнó
нóвая шкóла
ую́тные кóмнаты
наш телефóн
япóнские телеви́зоры
краси́вое плáтье
мáленькие общежи́тия
краси́вая кварти́ра

🔊 **Oral Drill 5 (3. Ходи́л and éздил: went and returned)** When asked if the people in question are going somewhere, say that they've already gone and come back.

Вáдик идёт в магази́н?	➡	Нет, он ужé ходи́л.
Роди́тели éдут в Калифóрнию?	➡	Нет, они́ ужé éздили.

Жéня идёт в универмáг?
Ты éдешь в Росси́ю?
Нáстя идёт в библиотéку?
Они́ éдут в Канáду?
Дéти иду́т в кинó?
Вы éдете в Петербу́рг?
Мáма и пáпа иду́т на ры́нок?
Вы идёте в теáтр?
Её муж éдет на рабóту?

🔊 **Oral Drill 6 (3. Пошёл, пошлá, пошли́ and поéхал, поéхала, поéхали: set out)** When asked if the people in question are at a certain place, respond that they have in fact set out for the place mentioned.

— Вéра в кинотеáтре?	➡	— Да, онá пошлá в кинотеáтр.
— Кáтя во Флóриде?	➡	— Да, онá поéхала во Флóриду.

Пéтя на ры́нке?
Сосéди в Áнглии?
Дéти в шкóле?
Валéрий в университéте?
Вáши сёстры в Бóстоне?
Сóня на заня́тиях?
Мáма и пáпа на рабóте?
Егó женá в Москвé?

Имя и фамилия: _____   _Число:_ _____

Oral Drill 7 (3. Ходи́л vs. пошёл and е́здил vs. пое́хал) Answer yes to the questions. If asked whether Masha is somewhere else, answer that she has gone there (and not returned). If asked whether Masha was there, answer yes, that she went there and has come back.

— Где Ма́ша? На уро́ке?	→	— Да, она́ пошла́ на уро́к.
— Где была́ Ма́ша? В кинотеа́тре?	→	— Да, она́ ходи́ла в кинотеа́тр.
— Где Ма́ша? В Росси́и?	→	— Да, она́ пое́хала в Росси́ю.
— Где была́ Ма́ша? В Чика́го?	→	— Да, она́ е́здила в Чика́го.

Где была́ Ма́ша? На заня́тиях?
Где была́ Ма́ша? На Аля́ске?
Где Ма́ша? На рабо́те?
Где Ма́ша? В Теха́се?
Где Ма́ша? На конце́рте?
Где была́ Ма́ша? В магази́не?
Где была́ Ма́ша? В Ита́лии?
Где Ма́ша? На стадио́не?
Где Ма́ша? На заня́тиях?

Oral Drill 8 (4. Forms of the dative) Ask how old the following people are.

Вале́рий Петро́вич	→	Ско́лько лет Вале́рию Петро́вичу?

наш сосе́д
Анна Влади́мировна
её до́чь
твой о́тчим
её сво́дные бра́тья и сёстры
э́тот ру́сский студе́нт
Бори́с Дми́триевич
их ба́бушка
но́вый секрета́рь
э́та америка́нская студе́нтка
ста́рый продаве́ц
ваш преподава́тель

Oral Drill 9 (5. Dative case for indirect objects, review of accusative case for direct objects) Tell what Kira gave to whom for **Но́вый год.**

ма́ма — сви́тер	→	Ки́ра подари́ла ма́ме сви́тер.

па́па — руба́шка
ма́чеха — но́вый рома́н Пеле́вина
ста́рший брат — га́лстук
мла́дший брат — кни́га
ста́ршая сестра́ — пла́тье
мла́дшая сестра́ — игру́шка

Oral Drill 10 (5. По + dative) Your friend asks you if you like a certain subject. Say in response that you do, and that you always read books on that subject.

Ты лю́бишь иску́сство? ➡ Да, и всегда́ чита́ю кни́ги по иску́сству.

Ты лю́бишь . . .

биоло́гию? му́зыку? хи́мию? лингви́стику? литерату́ру? иску́сство?

Oral Drill 11 (5. Ну́жно constructions) The people in question not only *want* to do something, they *have* to as well. Complete each sentence aloud, as in the model.

Я хочу́ рабо́тать . . . ➡ и мне ну́жно рабо́тать.

Ты хо́чешь рабо́тать . . .
Мы хоти́м отдыха́ть . . .
Она́ хо́чет посмотре́ть э́ти фи́льмы . . .
Я хочу́ купи́ть перча́тки . . .
Он хо́чет занима́ться . . .
Они́ хотя́т говори́ть о поли́тике . . .
Вы хоти́те де́лать фотогра́фии . . .

Oral Drill 12 (5. На́до constructions) Say that the following people need to relax using **на́до** + dative case.

э́тот ру́сский студе́нт ➡ Э́тому ру́сскому студе́нту на́до отдыха́ть.

э́та но́вая студе́нтка, на́ша сестра́, Вале́рия, Вале́рий, Никола́й Алекса́ндрович, Ма́рья Васи́льевна, э́тот молодо́й челове́к, э́та симпати́чная де́вушка, на́ша но́вая сосе́дка, э́тот ста́рый продаве́ц, твой оте́ц, твоя́ мать, твои́ роди́тели

Oral Drill 13 (5. Тру́дно) Say that it is difficult for these people to do the following things.

мой друг — изуча́ть кита́йский язы́к ➡ Моему́ дру́гу тру́дно изуча́ть кита́йский язы́к.

наш брат — понима́ть по-неме́цки
ва́ша племя́нница — чита́ть э́ти кни́ги
я — посове́товать, что купи́ть
ба́бушка — убира́ть дом
они́ — отвеча́ть на заня́тии
ста́ршая сестра́ — рабо́тать и учи́ться
Серге́й и Верони́ка — говори́ть по-япо́нски

🔊 **Oral Drill 14 (6. Нра́виться)** Say that you like the following things. The difference in pronunciation between **нра́вится** and **нра́вятся** is so slight that you may not hear it. Remember to make **э́тот, э́та, э́то,** or **э́ти** agree with the following noun.

фильм	➡	Мне нра́вится э́тот фильм.
фи́льмы	➡	Мне нра́вятся э́ти фи́льмы.

кни́га, кни́ги, журна́л, журна́лы, газе́та, газе́ты, му́зыка, кинотеа́тр, музе́и

Oral Drill 15 (6. Нра́виться + dative pronouns) Say that the following people like the novel *Anna Karenina*. If necessary, review the dative pronouns before completing this exercise.

Анто́ну нра́вится рома́н «Анна Каре́нина»?	➡	Да, он ему́ нра́вится.
Вам нра́вится рома́н «Анна Каре́нина»?	➡	Да, он нам нра́вится.

Ната́ше . . .
Ка́те и Шу́ре . . .
Тебе́ . . .
Ива́ну . . .
Вам . . .
Ма́тери . . .
Ми́ше и Та́не . . .

🔊 **Oral Drill 16 (6. Нра́виться and люби́ть)** When asked if someone likes something, say the person likes all of that thing.

Вам нра́вится э́тот фильм?	➡	Я люблю́ все фи́льмы.
Ви́ктору нра́вится но́вая кни́га?	➡	Он лю́бит все кни́ги.

Анне нра́вится э́тот журна́л?
Вам нра́вится его́ но́вый диск?
Джо́ну нра́вится э́та ру́сская газе́та?
Ка́те нра́вится но́вый рома́н Пеле́вина?
Ва́шей ма́тери нра́вится альбо́м э́того худо́жника?

Фонетика и интонация

🔊 **08-01. Soft consonants** [д], [т], [л], **and** [н]. Read the following information. When you have completed your reading, mark accordingly.

Soft consonants [д], [т], [л], and [н]

Most Russian consonant letters can be pronounced *hard* (nonpalatalized) or *soft* (palatalized). In the written language one can tell whether a consonant is hard or soft by looking at the *following* letter, as shown below:

∅	а	э	о	у	ы	indicate that the *preceding* consonant is *hard*
ь	я	е	ё	ю	и	indicate that the *preceding* consonant is *soft*

The underlined consonants in the following words are soft:

хоте́ли   пять   где   день   зна́ли   рубле́й   неда́вно

Pronouncing a soft consonant is like saying the consonant and the [y] of *you* at the exact same time.

For [д] and [т], softness also results in some extra friction. This may sound to you like a barely audible sound similar to English [s] or [z]. Thus the first four words listed above may *sound* to you like:

хот^sели   пять^s   гд^zе   д^zень

❏ Yes, I have completed this activity.

❏ No, I have not completed this activity.

🔊 **08-02. Soft [л] and [н].** Listen to these contrastive syllables, then mark that you have done so.

Soft [л] and [н]

Softness has a drastic effect on [л] and [н]. Hard Russian [л] and [н] differ only slightly from [l] and [n] of American English. But for soft [л] and [н], the tip of the tongue rests behind the *lower* teeth, while the blade, or flat surface, of the tongue is arched up against the palate (the roof of the mouth). This contortion has a noticeable effect not only on the soft [л] or [н] itself, but also on the preceding vowel.

Hard	**Soft**		**Hard**	**Soft**
1. та	тя		13. ла	ля
2. тэ	те		14. лэ	ле
3. ты	ти		15. лы	ли
4. то	тё		16. ло	лё
5. ту	тю		17. лу	лю
6. ат	ать		18. ал	аль
7. да	дя		19. на	ня
8. дэ	де		20. нэ	не
9. ды	ди		21. ны	ни
10. до	дё		22. но	нё
11. ду	дю		23. ну	ню
12. ад	адь		24. ан	ань

❑ Yes, I have completed this activity.

❑ No, I have not completed this activity.

🔊 **08-03.** For each sentence below, add straight apostrophes after each soft consonant. Then listen to the words on the recording and repeat as closely as possible, paying special attention to soft [д], [т], [л], and [н]. Remember that [е] reduces to a sound close to [и] when unstressed.

— Ми́ла, где у вас мо́жно купи́ть ту́фли?

— В универма́ге и́ли в магази́не «Обувь».

— Дава́й пойдём туда́ вме́сте.

— Хорошо́. Или пойдём в «Гости́ный двор». Там вы́бор неплохо́й.

08-04. Look at the text below taken from an announcement made over a store's public address system. As you listen to the recording, fill in the appropriate vowel in the blank: **и** after soft consonants, **ы** after hard consonants. Key words are glossed so that you can follow the gist of the announcement.

You hear:	хо[д³]ил	You hear: **ты**
↓		↓
You write:	ход *и* л	You write: **ты**

respected   is open
(1) Уважаем___е (2) покупател___ ! На первом этаже нашего (3) магаз___на (4) откр___т новый

                will find   wide   of games
(5) детск___й отдел. В нём вы найдёте (6) широк___й (7) ассорт___мент (8) кн___г, игрушек и игр,

          items   available for sale
а также детские (9) принадлежност___ . В продаже сегодня — (10) видеодиск___ с (11) зап___сями

         cartoons
(12) мультф___льмов Уолта (13) Д___снея: (14) «М___кки Маус», (15) «Аладд___н» и (16) «Ч___п и Дейл».

08-05. Listen to the following syllables. Pay attention to the quality of the vowel immediately *preceding* the hard and soft consonants. Read the samples out loud to yourself, imitating the speakers as closely as possible. When you are satisfied with your imitation of the sounds, indicate completion of the activity.

	Hard	**Soft**		**Hard**	**Soft**
1.	ат	ать	9.	ол	оль
2.	ет	еть	10.	ул	уль
3.	ыт	ыть	11.	ан	ань
4.	от	оть	12.	ен	ень
5.	ут	уть	13.	ын	ынь
6.	ал	аль	14.	он	онь
7.	ел	ель	15.	ун	унь
8.	ыл	ыль			

❑ Yes, I have completed this activity.

❑ No, I have not completed this activity.

08-06. Add straight apostrophes after every soft consonant in the italicized words.

— *Коля, Сеня! Где вы были?*

— Мы *ходили* в «Дом книги».

— Мне *сказали*, что там *открыли* новый отдел.

— *Открыли. Только* мы ничего не *купили.* Мы *хотели купить Пете* книги на *день рождения.*

— Ну и что?

— Мы *деньги забыли* дома.

08-07. Read and listen to the following information, then indicate completion.

IC-3 and pauses

Most longer sentences are broken up into breath groups. Each breath group has its own intonation contour. Listen to the breath groups in the following sentences.

Я неда́вно была́ в «До́ме кни́ги», | но ничего́ интере́сного там не уви́дела.

Мне сказа́ли, | что там интере́сные ве́щи.

Понима́ешь, | на днях моя́ сосе́дка по ко́мнате | там купи́ла Замя́тина.

The non-final breath groups in each sentence are marked by IC-3, the same intonation found in yes-no questions. The final breath group is marked by IC-1, the intonation characteristic of simple declarative sentences.

Now listen to the following sentences:

Мы бы́ли в Росси́и, | на Украи́не | и в Белору́ссии.

Мы хоте́ли купи́ть руба́шку, | брю́ки, | перча́тки | и ту́фли.

As you can see, each item in a series forms its own breath group marked by IC-3. The final item of the series is marked by IC-1.

In short, Russians often use IC-3 on non-final breath groups before a pause. IC-1 is used on the final breath group at the end of the sentence.

❑ Yes, I have completed this activity.

❑ No, I have not completed this activity.

08-08. Listen to the utterances on the recording. Mark the break between breath groups in the italicized sentences with the number of the intonation contour. Make sure that the number comes *immediately after* any punctuation.

> *У нас есть квартира,3 но нет машины.1*

— Петя, я хочу сделать нашей соседке Маше подарок на день рождения. Что ты мне посоветуешь ей купить?

— Может быть, книгу? *Ведь недалеко от нашего дома есть большой книжный магазин. Я был там только вчера и купил вот эти новые книги по искусству. Вот авангардисты, импрессионисты и абстракционисты.*

— Какие красивые книги!

— И очень дёшево стоили: *вот эта книга стоила сто пятьдесят рублей, а эту я купил за сто сорок.*

— Это совсем не дорого! *А кубисты были?*

— *Они были раньше, а теперь их уже нет.*

— *Всё равно, книга — идея хорошая.*

— *Если хочешь, мы можем пойти вместе завтра утром.*

— Давай.

●Письменные упражнения

08-09. (**1. Past tense of быть**) Fill in the blanks with the appropriate past-tense form of **быть.**

1. — Где вы (1) _____ вчера?

   — Мы (2) _____ на рынке.

   — Кто ещё там (3) _____ ?

   — Кирилл. И Марина тоже (4) _____ .

2. — Когда ты (5) _____ в книжном магазине?

   — Я там (6) _____ во вторник.

   — Книги там (7) _____ дорогие?

   — (8) _____ и дорогие, и дешёвые. Там (9) _____ одна очень интересная книга,

   которая стоила 135 рублей.

3. — Кто здесь (10) _____ ?   — Здесь (11) _____ Маша.

4. — Кто (12) _____ в библиотеке?   — В библиотеке (13) _____ Борис.

5. — Что здесь (14) _____ ?   — Здесь (15) _____ телефон.

6. — Что здесь (16) _____ ?   — Здесь (17) _____ книги.

7. — Что здесь (18) _____ ?   — Здесь (19) _____ окно.

8. — Кто здесь (20) _____ ?   — Здесь (21) _____ наши родители.

08-10. (**2. Past tense of есть and нет**) The verbs have been left out of this questionnaire, which was designed to determine whether people own the same things now that they owned last year (**в прошлом году**).

Fill in the verbs missing from the questionnaire. In deciding whether to use **есть** or **нет,** check whether the noun is in the genitive case. In the past-tense forms, in which you need to choose from the appropriate form of **был** (if the item was there) or **не было** (if it wasn't), check whether the noun is in the genitive case.

Сейчас . . . (есть или нет)	В прошлом году . . . (был, была, было, были, не было)
1. у вас _____ компьютер?	11. у вас _____ компьютер?
2. у вас _____ принтер?	12. у вас _____ принтера?
3. у вас _____ радио?	13. у вас _____ плейер?
4. у вас _____ машины?	14. у вас _____ машина?
5. у вас _____ телевизора?	15. у вас _____ телевизор?
6. у вас _____ гитара?	16. у вас _____ гитары?
7. у вас _____ русских романов?	17. у вас _____ романов Пелевина?
8. у вас _____ хорошего словаря?	18. у вас _____ хороший словарь?
9. у вас _____ больших кресел?	19. у вас _____ большие кресла?
10. у вас _____ квартира?	20. у вас _____ квартира?

08-11. (**2. Nonexistence**) Answer the following questions in complete sentences. Use the following models:

У вас есть лампа?

— Да, у меня есть лампа.
or
— Нет, у меня нет лампы.

1. У вас есть компьютер?

_____

2. У вас есть принтер?

_____

3. У вас есть радио?

_____

4. У вас есть русско-английский словарь?

_____

5. У вас есть кресло?

_____

6. У вас есть гитара?

_____

7. У вас есть роман Пелевина?

_____

08-12. (**2. Past tense of есть and нет**) Translate into Russian.

1. "Did you have any Russian magazines?" "No, I did not have magazines; I had newspapers."

_____

_____

2. My parents had nice furniture.

_____

3. I did not have a good dictionary.

_____

4. There was a big department store there.

_____

5. Did Zhenya [**Женя**] have a white dress?

_____

6. Igor [**Игорь**] did not have brothers or sisters.

_____

7. There were no restaurants on that street.

_____

08-13. (**3. Ходил vs. пошёл, review of accusative case**) Answer the questions using the appropriate verb. Follow the word order in the example.

| — Где была Мария? (лекция) ➡ — Она ходила на лекцию. |
| — Где Максим? (дом)   ➡ — Он пошёл домой. |

1. Где Анна? (парк)

_____

2. Где Лена? (концерт)

_____

3. Где Вадим? (библиотека)

_____

4. Где был Саша? (универмаг)

_____

5. Где была Даша? (кино)

    _____

6. Где Маша? (лаборатория)

    _____

7. Где была мама? (работа)

    _____

8. Где Кирилл? (книжный магазин)

    _____

9. Где вы были? (университет)

    _____

10. Где ты был(а)? (занятия)

    _____

08-14. (3. Ездил vs. поехал, review of accusative case) Answer the questions, using the appropriate verb. Use the word order "X *went to* Y."

1. Где вы были? (Россия)

    _____

2. Где Женя? (магазин)

    _____

3. Где были твои сёстры? (Германия)

    _____

4. Где Ольга Сергеевна? (поликлиника)

    _____

5. Где твоя соседка? (Флорида)

    _____

6. Где был ваш профессор? (Украина)

    _____

7. Где были его родители? (Техас)

    _____

8. Где менеджер? (Бостон)

    _____

08-15. **(4. and 5. Dative for indirect objects, accusative for direct objects)** Write out what you gave the following people for New Year's (**на Новый год**). Use the table below as a guide, but feel free to add your own people and presents.

> младший брат Джон / книга по истории ➡️
>
> На Новый год я подарил(а) младшему брату Джону книгу по истории.

Кому?	Что?
наши старые друзья	матрёшка
мой любимый преподаватель	книга по искусству
наш сосед Юрий Владимирович	синий пиджак и серые брюки
моя соседка Мария Александровна	красивое платье
тётя Клара и дядя Игорь	русская музыка
сводный брат	новый роман Пелевина
старшая сестра	американский сувенир
родители	зелёный платок
твоя бабушка	русская шапка
их старшая дочь Мила	новая книга американского писателя
её дочери Саша и Таня	карта Америки
русские студенты	игрушка
	последние версии видеоигр

1. _____

2. _____

3. _____

4. _____

5. _____

6. _____

7. _____

8. _____

9. _____

10. _____

08-16. **(5. Dative with age) Сколько лет?** Ask how old the following people and things are.

этот старый дом → Сколько лет этому старому дому?

1. это маленькое общежитие

   _____

2. эти исторические здания

   _____

3. эта красивая мебель

   _____

4. этот торговый центр

   _____

5. его русско-английский словарь

   _____

6. Евгений Павлович

   _____

7. Виктория Олеговна

   _____

8. твои родители

   _____

9. Москва и Петербург

   _____

08-17. **(5. Dative with age) Возраст.** The descriptions of kids being introduced to a class in Moscow have had endings blotted out. Fill them in. *Write out all numbers!*

> Ванесса, 8, её младшая сестра Карина, 7, Монреаль ➡
>
> Ванессе восемь лет, а её младшей сестре Карине семь лет. Они живут в Монреале.

1. Эрика, 7, её младший брат Питер, 5, Вашингтон

   Эрик_____ [7] _____ _____ , а её младш_____ брат_____ Питер_____ [5]

   _____ _____ . Они живут в Вашингтон_____ .

2. Джон, 6, его младшая сестра Анна, 5, Нью-Йорк

   Джон_____ [6] _____ _____ , а его младш_____ сестр_____ Анн_____ [5] _____

   _____ . Они живут в Нью-Йорк_____ .

3. Линда, 14, её старшая сестра Элла, 15, Лос-Анджелес

   Линд_____ [14] _____ _____ , а её старш_____ сестр_____ Элл_____ [15]

   _____ _____ . Они живут в Лос-Анжелес _____ .

4. Джером, 16, его старший брат Билл, 17, Хьюстон

   Джером_____ [16] _____ _____ , а его старш_____ брат_____

   Билл_____ [17] _____ _____ . Они живут в Хьюстон_____ .

08-18. **(5. Dative for indirect objects)** Translate into Russian.

1. "What present did you buy for your sister for New Year's?" "I bought her a blue blouse."

   _____

   _____

2. Marina gave (as a gift) Bill a Russian dictionary, and he gave her a book about American presidents.

   _____

   _____

3. Mom bought a pretty dress for Vera and a jacket for Viktor.

   _____

   _____

4. Dad advised me to give Grandma gloves.

   _____

   _____

08-19. (5. **По + dative**) **В книжном магазине.** Everybody bought books on their specialty. Fill in the blanks as in the example.

> Архитекторы купили книги по *архитектуре*.

1. Экономисты купили книги по _____ .

2. Музыканты купили книги по _____ .

3. Литературоведы купили книги по _____ .

4. Историки купили книги по _____ .

5. Искусствоведы купили книги по _____ .

08-20. (5. **Dative with нужно, надо, and можно**) You have been asked to help a group of English-speaking tourists who want to go shopping tomorrow at a store in Moscow. In preparation, write down some of the expressions you will need, using **нужно, надо,** and **можно.** If you use **можно,** omit the dative doer of the action.

1. Where can one buy women's clothing (**женская одежда**)?

   _____

2. Where can one buy men's clothing (**мужская одежда**)?

   _____

3. This American (man) needs to buy a map of Russia.

   _____

4. This Canadian (woman) needs to buy a metro map (**план метро**).

   _____

5. They need to buy souvenirs and presents.

   _____

08-21. **(5. Subjectless constructions)** Make logical and grammatically correct sentences from the components provided. Be sure to add dative complements where necessary. Remember that **не надо** with a dative complement usually means "should not."

| легко   нужно   надо   не надо   трудно   можно |

1. Родители всегда говорят, что (брат) _____ заниматься.

   Но иногда _____ смотреть телевизор.

2. (Мои друзья) _____ идти в библиотеку, потому что завтра

   тест по русскому языку.

3. (Мы) _____ купить платье сестре, потому что мы не знаем

   её размер, но мама думает, что это _____ .

4. Говорить по-русски (эти студенты) _____ ,

   но (ты) _____ , ведь ты жила в России.

5. Мэри любит русскую литературу, и на день рождения _____

   подарить ей русскую книгу. Правда, она только на первом курсе, и (она) _____

   ещё _____ читать по-русски.

08-22. **(5. Subjectless constructions—personalized)** Complete the following sentences so that they make sense.

1. Сегодня мне надо _____

2. Мне очень трудно _____

3. Когда я занимаюсь, мне не надо _____

4. Моим братьям легко _____

5. Нашему дедушке нужно _____

08-23. **(6. Нравиться)** When asked what gifts they would like to get on their birthdays, the following people told what they liked. Express the results in sentences, remembering to make the verb agree with the grammatical subject. Keep the word order the same as in the example.

| Маша — эта книга по искусству. → Маше нравится эта книга по искусству. |

1. Кристина — альбом импрессионистов

   _____

2. Виктор — романы Льва Толстого

   _____

3. Таня — американские фильмы

_____

4. Игорь Сергеевич — новый роман Виктора Пелевина

_____

5. Елизавета Павловна — книги по истории

_____

6. Джоанна и Джон — русские сувениры

_____

7. Лидия — матрёшки

_____

8. Майкл — эта красивая шкатулка

_____

08-24. (**6. Нравиться vs. любить**) Fill in the blanks in the following sentences with the appropriate verb. Be sure to make the verb agree with its grammatical subject.

> Я люблю русские сувениры, и мне очень нравятся эти матрёшки.

1. Вадим _____ книги Пелевина, и романы «Generation P» и «Омон Ра» ему

очень _____ .

2. Мы _____ американские фильмы, но фильм «Аватар» нам не

_____ .

3. Вика не очень _____ авангардистов, но этот альбом ей

_____ .

4. Жанна и Саша _____ русские фильмы, и «Анна Каренина» им

очень _____ .

5. Сара сейчас учится в Новосибирске и уже ездила в несколько русских городов. Ей особенно

_____ Иркутск. Владивосток и Хабаровск ей тоже

_____ . Она очень _____ жить в России.

08-25. (6. Нравиться vs. любить) Now write that you like something, but not this particular work, or that you usually don't like something, but you liked this particular work.

> Я люблю фильмы Тарковского, но фильм «Ностальгия» мне не понравился.
>
> Я не люблю фильмы Тарковского, но фильм «Сталкер» мне очень понравился.

1. _____
2. _____
3. _____
4. _____

08-26. (Review) Restore the missing words in Ann's letter to Sasha about her trip to St. Petersburg. Pay special attention to the grammatical environment surrounding each blank. For example, a blank in a sentence, such as **Мы _____ в Москве,** requires a "location" verb, such as **были,** because of the phrase **в Москве.**

Use any form of any of the following words:

быть	комната	сувенир
жить	магазин	ужинать
завтракать	обедать	ходить
купить	подарок	
	+ any required prepositions and pronouns	

Дорогой Саша!

На прошлой неделе* мы (1) _____ в Петербурге, где мы (2) _____

в большом общежитии. Наши (3) _____ были маленькие, но уютные. Мы

(4) _____ и обедали в общежитии, а (5) _____ в ресторане или в кафе.

(6) _____ вторник я ходила (7) _____ концерт, а Дейвид (8) _____ на футбол. Мы

также ходили (9) _____ — мы хотели купить (10) _____ . Но мы не

(11) _____ (12) _____ , потому что они (13) _____ очень дорогие!

Твоя

Энн

*на прошлой неделе – *last week*

08-27. (Review and reading) Книги онлайн. In a search engine, find a Russian online bookseller by entering the terms **книги онлайн.** *Search for five books on various topics.* Then fill in the information following the examples below.

Если вам нравится [*fill in a general topic*], можно купить книгу по [*fill in a specific topic*] «[*fill in the title you found*]» за [*fill in the price and the correct form of* рубль].

Образец:

Если вам нравится **искусство,** можно купить книгу по **дизайну «Дизайн для недизайнеров»** за **191 рубль.**

*Don't be afraid to vary the model within the limits of the Russian you know. For example:

Если вы любите **искусство,** *вы можете купить* книгу по **дизайну «Дизайн для недизайнеров»** за **191 рубль.**

Если вам нравится **искусство,** *я советую купить* книгу по **дизайну «Дизайн для недизайнеров»** за **191 рубль.**

1. _____

   _____

2. _____

   _____

3. _____

   _____

4. _____

   _____

5. _____

   _____

08-28. Интернет-магазин. Ozon.ru is one of Russia's biggest online stores. Visit the site and do some shopping for friends and family. Write a Russian friend for advice on the items and prices, using the usual formulas for letter writing.

The following statements serve as a guide:

Маша очень любит русские сувениры, поэтому я хочу ей подарить красивую шкатулку.

Я могу купить ей такую шкатулку за 581 рубль.

или

Такая шкатулка стоит 581 рубль.

Такую шкатулку можно купить за 581 рубль.

Мама очень любит красивые альбомы по искусству, поэтому . . .

Папа любит всё о футболе, поэтому . . .

Брат сейчас изучает русскую историю, поэтому . . .

У тёти Сары есть коллекция календарей, поэтому . . .

Как ты думаешь? Это хорошая цена? Это дорого?

_____

_____

_____

_____

_____

_____

_____

_____

_____

_____

_____

08-29. Магазины в моём городе. Your Russian friends are coming to visit next month, and they don't know what they need to bring. Write them an e-mail explaining that they can get anything they need in your hometown, and that clothes and many other items are relatively inexpensive. Describe the stores and malls in your town, advise them what not to bring, and tell them about local souvenirs they can bring back home as gifts. As always, open your message with **Дорогой/Дорогая/Дорогие,** and close it with **Твой/Твоя** or **Ваш/Ваша** (if you are writing to several friends at once) before your name.

You can use the following phrases to help you:

Не надо брать . . . – Don't bring . . .

большой чемодан

багаж

дорогой – expensive (*about a thing*); **дорого** – expensive (*in general*); **дорого везти** – it is expensive to transport

дешёвый – inexpensive (*about a thing*); **дёшево** – inexpensive (*in general*)

Всё там так дорого!

Дороже, чем – more expensive than

Дешевле, чем – less expensive than

Здесь можно дешевле (*cheaper*) **купить (что?)** . . . , **чем в России.**

рядом – close by (*lit.* next to, next door): **Здесь рядом много хороших магазинов.**

Жду тебя! Ждём вас! – I (we) are looking forward to seeing you!

_____

_____

_____

_____

_____

_____

_____

_____

_____

_____

_____

08-30. **Записка друзьям.** Tomorrow is your last shopping day in Moscow. You would like to buy gifts for a relative, but don't know what to get. You won't see your Russian friends today, but you know if you send them an e-mail, they'll check e-mail tonight and get back to you later with suggestions. Write an e-mail asking for advice.

_____

_____

_____

_____

_____

_____

_____

_____

_____

_____

_____

_____

_____

08-31. **Шоппинг онлайн.** In a search engine such as **yandex.ru, rambler.ru,** or Google, enter the terms **интернет магазины** or **шоппинг онлайн.** Find items that you might want to buy as gifts. Note what you would buy, how much it would cost, and to whom you might give the gift to. To find out what the real cost to you would be, enter **курс обмена валюты** (*lit.* rate of exchange of currency) in any search engine. Be ready to report your findings to the class.

_____

_____

_____

_____

_____

_____

_____

_____

_____

_____

Видео

🎬 **08-32. Новые слова.** Watch the video using the following words to help you. Indicate when you have completed watching the video for the first time.

блокно́т – notepad

плати́ть/заплати́ть – to pay: **Мы заплати́ли полови́ну сра́зу же** – We paid half immediately. (Both verbs

are used in this segment and both mean *to pay*. You will learn about verb pairs such as these in Unit 9.)

наза́д – ago; back: **два го́да наза́д**

прои́вка и печа́ть – development and printing

сто́имость = цена́ – price

це́ны назнача́ются – prices are quoted

происходи́ть – to happen: **С маши́ной ничего́ не происходи́ло.** – Nothing has gone wrong with this car.

❑ Yes, I have completed this activity.

❑ No, I have not completed this activity.

🎬 **08-33. Магазин. Что из этого вы слышали в этом фрагменте?** Select all true statements.

1. ❑ Света сейчас учится в университете.

2. ❑ У Светы диплом преподавателя, но она работает в магазине.

3. ❑ Клиентура магазина в основном пенсионеры.

4. ❑ В магазине продают подарки.

5. ❑ В этом магазине часто покупают справочники по софту.

🎬 **08-34. Что в какой категории?** Watch the video again. Fill in the blanks with the correct lettered item that best matches with the numbered category.

1. _____ подарок

2. _____ справочник по софту

3. _____ покупатели магазина

4. _____ мелкая электроника

5. _____ канцелярские принадлежности

    a. блокнот

    b. батарейка

    c. «Библия JavaScript»

    d. декоративная чашка

    e. студенты

08-35. Кудряшовы купили машину. Заполните пропуски. Fill in the blanks. Write any numbers as numerals, not words.

1. Кудряшовы купили машину _____ назад.

2. Машину они покупали в автомобильном _____ .

3. Они уехали сразу на этой _____ , когда заплатили _____ .

4. Это машина стоила _____ тысяч рублей. Это _____ тысячи американских долларов.

5. _____ денег Кудряшовы заплатили сразу же, а 275 тысяч взяли в кредит в банке.

08-36. Машина Валерия Гущенко. For this exercise you need to know that to pay in rubles, dollars, and so on requires that the currency appears in the instrumental case, which you have seen only occasionally. The plural endings used here are **-ами** and **-ями.** Write any numbers in numerals, not words.

1. What was said about Korea?

   a. Valery bought his Daewoo in Korea.

   b. This Daewoo car is a Korean product.

   c. The Koreans built a Daewoo plant in St. Petersburg.

   d. Korean Daewoo cars cost more when bought in Russia.

2. How much did Valery pay for his car? $ _____

3. How much would this car cost today? $ _____,500.

08-37. Слова из контекста 1. Listen to this segment again and fill in the blanks using prepositions (**в, на, за**) if necessary and combining word stems with endings to create grammatically correct sentences.

— Можно было купить эту машину [*on credit*] (1) _____ ?

— Нет, я купил эту машину [*for cash*] (2) _____ .

— Цены назначаются [*in dollars*] (3) _____ , но надо платить [*in rubles*] (4) _____ .

Поэтому если у вас **сбережения** в долларовой сумме, вы должны пойти в **обменный пункт** и **обменять** эти деньги [*to rubles*] (5) _____ .

08-38. Слова из контекста 2. Now go back to all of the words in bold in the previous exercise. Select the closest English translation for each.

1. сбережения

   a. dealer's cost

   b. sticker price

   c. savings

2. обменный пункт

   a. exchange office

   b. lending agency

   c. manager's office

3. обменять

   a. earn

   b. exchange

   c. haggle

Что мы будем есть?

Устные упражнения

🔊 **Oral Drill 1 (1. Есть)** Say that the following people do not eat meat.

я →	Я не ем мя́со.
она́ →	Она́ не ест мя́со.

э́ти студе́нты, ты, вы, сосе́дка по ко́мнате, ваш друг, моя́ тётя, мы

🔊 **Oral Drill 2 (1. Пить)** Finish the sentence that you hear on the recording. Be as self-righteous as possible: "I'm not allowed to drink ... *and I don't!*"

Мне нельзя́ пить ... →	... и я не пью!
Па́влу нельзя́ пить ... →	... и он не пьёт!

... нельзя́ пить.

Ма́ме ... , Отцу́ ... ,
Нам ... , Тебе́ ... , Мне ... ,
Сосе́ду по ко́мнате ... ,
Мои́м друзья́м ... , Роди́телям ... ,

🔊 **Oral Drill 3 (2. Instrumental case of nouns and modifiers)** Following the model, rephrase the sentences.

Я и твой сосе́д идём в кафе́. → Мы с твои́м сосе́дом идём в кафе́.

Я и ... идём в кафе́.

но́вая студе́нтка, ва́ша мать, её мла́дшая дочь, америка́нский преподава́тель, твоя́ сосе́дка, наш друг, на́ши роди́тели, мой де́душка, э́та интере́сная де́вушка, э́тот молодо́й челове́к, ру́сские врачи́

🔊 **Oral Drill 4 (2. Instrumental case of pronouns)** Confirm that Vika is traveling with the following people. Replace the nouns in the instrumental case with appropriate pronouns.

> — Ви́ка е́дет вме́сте с му́жем? ➡ — Да, она́ с ним е́дет вме́сте.

с ва́шей ма́терью, с племя́нником, с мла́дшей до́черью, с сосе́дкой по ко́мнате, с ва́шими роди́телями, со мной, с на́ми, с тобо́й, с ва́ми

🔊 **Oral Drill 5 (2. Instrumental case of nouns)** Unlike the speaker who orders everything "without," you order everything "with."

> — Мы берём мя́со без лу́ка. ➡ — А мы берём мя́со с лу́ком.

Мы берём . . .

ку́рицу без карто́шки.
ры́бу без овоще́й.
мя́со без со́уса.
сала́т без помидо́ров.

пи́ццу без грибо́в.
пи́ццу без пе́рца.
бутербро́д без сы́ра.
ко́фе без молока́.
чай без са́хара.

🔊 **Oral Drill 6 (4. Future tense of быть)** When asked if various people were home yesterday, say no, but they will be home tomorrow.

> — Вади́м был до́ма вчера́? ➡ — Нет, но он бу́дет до́ма за́втра.

Алекса́ндр, твои́ друзья́, преподава́тель, ты, вы, Ники́тин, сосе́дка по ко́мнате, вы

🔊 **Oral Drill 7 (5. Imperfective future)** When asked if various people are doing something today, say they will be doing it tomorrow.

> — Твои́ друзья́ сего́дня отдыха́ют? ➡ — Нет, они́ бу́дут отдыха́ть за́втра.

Ла́ра сего́дня гото́вит обе́д?
Вы сего́дня занима́етесь?
Ви́ктор сего́дня слу́шает за́писи?
Де́ти сего́дня смо́трят телеви́зор?

Ты сего́дня рабо́таешь?
Роди́тели сего́дня убира́ют дом?
Вы сего́дня пи́шете e-mail'ы?
Ты сего́дня у́жинаешь в кафе́?

🔊 **Oral Drill 8 (5. Imperfective future)** You're bored. Your friend digs up an item that might amuse you. Respond, using an appropriate verb in the future tense: "Look, here is a paper!" "Great, I'll read the paper!"

> — Вот журна́л. ➡ — Хорошо́! Я бу́ду чита́ть журна́л.
>
> — Вот ди́ски. ➡ — Хорошо́! Я бу́ду слу́шать ди́ски.

Вот . . .

кни́ги, чай, гита́ра, моро́женое, вино́, телеви́зор

🔊 **Oral Drill 9 (6. Perfective future)** You're asked if you've done whatever you were supposed to have done by now. Say you'll get it done right away.

> Вы уже́ написа́ли письмо́? ➡ — Нет, но я сейча́с напишу́!

Вы уже́ . . .

прочита́ли журна́л?	пообе́дали?
пригото́вили у́жин?	поза́втракали?
съе́ли моро́женое?	поу́жинали?
вы́пили чай?	сде́лали рабо́ту?
посмотре́ли фотогра́фии?	купи́ли о́вощи?
взя́ли докуме́нты?	прослу́шали диск?
посове́товали им, что де́лать?	

🔊 **Oral Drill 10 (6. Aspectual differences in the future)** You're asked if you're ever planning to do whatever you were supposed to do. Yes, you say defensively. You'll get it done tomorrow!

> — Вы бу́дете писа́ть письмо́? ➡ — Я напишу́ письмо́ за́втра!
>
> — Вы бу́дете чита́ть кни́гу? ➡ — Я прочита́ю кни́гу за́втра!

Вы бу́дете . . .

покупа́ть оде́жду?	есть котле́ты?
смотре́ть фильм?	слу́шать э́тот диск?
гото́вить у́жин?	де́лать зада́ния?
чита́ть журна́л?	брать кни́ги?

🔊 **Oral Drill 11 (6. Perfective future)** Tell your friend that Masha will do everything.

> — Хо́чешь, я пригото́влю у́жин? ➡ — Не на́до! Ма́ша пригото́вит.
>
> — Хо́чешь, я куплю́ газе́ту? ➡ — Не на́до! Ма́ша ку́пит.

Хо́чешь, я . . .

пойду́ в библиоте́ку?
скажу́ ей пра́вду?
куплю́ пода́рок?
пригото́влю за́втрак?

сде́лаю пи́ццу?
напишу́ e-mail?
прочита́ю тебе́ ру́сский текст?
возьму́ ди́ски?

🔊 **Oral Drill 12 (6. Aspect, new verb: взять)** When asked what various people will order, say that they'll probably get whatever is given as the prompt.

> (ры́ба) па́па ➡ — Что бу́дет есть па́па?
>
> — Он, наве́рное, возьмёт ры́бу.
>
> (сала́т) ты ➡ — Что ты бу́дешь есть?
>
> — Я, наве́рное, возьму́ сала́т.

(мя́со) Вале́рий
(ку́рица) на́ши друзья́
(икра́) Анна Дми́триевна
(моро́женое) де́ти

(суп) мы
(яи́чница) я
(фру́кты) они́
(котле́та) дочь

🔊 **Oral Drill 13 (6. Aspect, new verb: брать)** Some of the guests will probably order wine. You know that they *always* order wine.

> Же́ня, наве́рное, возьмёт вино́. ➡ Она́ всегда́ берёт вино́.
>
> Ты, наве́рное, возьмёшь вино́. ➡ Я всегда́ беру́ вино́.

Андре́й Миха́йлович, я, мы, на́ши друзья́, вы, сосе́д по ко́мнате, Алла, ты

🔊 Oral Drill 14 (7. Genitive of pronouns) Your friends are looking for a number of items. When asked if they are here, respond that they *were* here earlier, but they're gone now.

> Кни́ги здесь? ➡ — Они́ бы́ли здесь, а тепе́рь их нет.

Оде́жда здесь?
Руба́шка здесь?
Ту́фли здесь?
Пода́рок здесь?
Универма́г здесь?

Брю́ки здесь?
Очки́ здесь?
Пла́тье здесь?
Де́ньги здесь?

🔊 Oral Drill 15 (7. Prepositional of pronouns) Everyone talks about everyone else. Follow the models.

> Ма́ша говори́т о нас. ➡ И мы говори́м о ней.
>
> Мы говори́м о Ки́ре и Макси́ме. ➡ И они́ говоря́т о нас.

Ки́ра и Макси́м говоря́т о вас.
Вы говори́те о Ви́кторе.
Ви́ктор говори́т о но́вом преподава́теле.
Но́вый преподава́тель говори́т об э́тих студе́нтах.
Э́ти студе́нты говоря́т о на́ших друзья́х.
На́ши друзья́ говоря́т о мои́х роди́телях.

Мои роди́тели говоря́т о Же́не и Са́ше.
Же́ня и Са́ша говоря́т обо мне.
Я говорю́ о тебе́.
Ты говори́шь о нас.
Мы говори́м о Ма́ше.

🔊 Oral Drill 16 (7. Declension of кто) You are told something about *someone*, but you can't make out the entire question. Ask for more information.

> — *Мне* на́до рабо́тать. ➡ — *Кому́* на́до рабо́тать?!
>
> — *Анто́на* нет здесь. ➡ — *Кого́* нет здесь?!
>
> — Я ви́жу *Ве́ру.* ➡ — *Кого́* вы ви́дите?!
>
> — *Мой брат* был здесь. ➡ — *Кто* был здесь?!
>
> — Брат говори́л *об Анто́не.* ➡ — *О ком* он говори́л?!

Ему́ на́до рабо́тать.
Мое́й сестры́ нет до́ма.
Наш оте́ц пошёл домо́й.
Мы ду́мали *о на́ших роди́телях.*
Мы говори́ли *об их вну́ке.*
Я ви́жу *твоего́ бра́та.*

Моему́ му́жу на́до быть до́ма.
Его́ нет на рабо́те.
Мы ви́дели *Са́шу.*
Ка́тя была́ на уро́ке.
У Зи́ны есть маши́на.
Де́вушка ходи́ла в рестора́н *с дру́гом.*

🔊 **Oral Drill 17 (7. Declension of что)** You are told something about *something*, but you can't make out the entire question. Ask for more information.

— *Телеви́зора* здесь нет.	→	— *Чего́* здесь нет?!
— Я ви́жу *шко́лу.*	→	— *Что* вы ви́дите?!
— Мы говори́м *об уро́ке.*	→	— *О чём* вы говори́те?!
— Здесь была́ *шко́ла.*	→	— *Что* здесь бы́ло?!

Я ви́жу *университе́т.*
Мы ду́мали *о заня́тиях.*
Здесь бы́ли *кни́ги.*
Я купи́л *руба́шку и брю́ки.*
Ку́ртки здесь нет.
Он зна́ет *францу́зский язы́к.*

Все говоря́т *об э́том конце́рте.*
Я смотрю́ *но́вый фильм.*
Э́тому теа́тру сто лет.
Здесь был *но́вый дом.*
Ма́ма пьёт чай *с лимо́ном.*

🔊 **Oral Drill 18 (Declension of modifiers, nouns, and pronouns: review)** Practice declining the phrases given by answering the questions below.

ру́сский студе́нт		
Кто э́то?	→	Ру́сский студе́нт.
Кого́ нет?	→	Ру́сского студе́нта.
Кому́ вы покупа́ете пода́рок?	→	Ру́сскому студе́нту.
Кого́ вы ви́дите?	→	Ру́сского студе́нта.
С кем разгова́ривал преподава́тель	→	С ру́сским студе́нтом.
О ком вы говори́те?	→	О ру́сском студе́нте.

мой ста́рший брат, моя́ ста́ршая сестра́, э́тот симпати́чный челове́к, э́та краси́вая де́вушка, хоро́ший преподава́тель, хоро́шая студе́нтка, на́ша ма́ленькая семья́, Ли́дия Петро́вна, Дми́трий Алексе́евич, твой большо́й друг, я, он, она́, вы, они́, ты, мы

● Числительные

Review of Numbers

🔊 **09-01. Зарплата *(salary)*.** Все эти цифры становятся понятными, только если вы знаете, какая средняя зарплата в США и России. Listen to the information comparing average U.S. and Russian salaries and write down what you hear.

Профессия	США доллары в месяц	Россия рубли в месяц
1. учитель школы		
2. директор большого магазина		
3. врач		
4. водитель автобуса		
5. актёр в местном театре		
6. художник-график		
7. секретарь		
8. электрик		
9. брокер		
10. реалтор		
11. официант		
12. журналист		

🔊 **09-02. Ресторанная жизнь в цифрах.** Listen to the recording and fill in the blanks.

1. В 2010 году «Биг Мак», купленный* в Вашингтоне, стоил _____ доллара, _____ центов. Такой же «Биг Мак» в Москве стоил _____ рубль.

2. В США пицца с доставкой* на дом может стоить _____ – _____ долларов. В России трудно найти такие пиццерии. Но они есть. В Москве пицца с доставкой на дом стоит _____ рублей.

3. Обед в хорошем ресторане в Сан-Франциско стоит примерно* _____ долларов. Обед в хорошем ресторане во Владивостоке стоит приблизительно* _____ рублей.

4. Бутылка французского вина стоит _____ долларов в американском ресторане и _____ рублей в русском ресторане.

5. На еду в месяц типичный* американец тратит* _____ долларов, а типичный русский — _____ рублей.

6. Работник* в американском Макдоналдсе получает _____ долларов в месяц. В московском Макдоналдсе на Пушкинской площади в Москве работник получает _____ рублей.

7. Американский студент тратит _____ долларов на еду в месяц. А русский студент тратит _____ рублей.

*Но́вые слова́

ку́пленный – bought, purchased

приблизи́тельно – approximately

приме́рно – approximately

рабо́тник – employee

с доста́вкой – delivered (*with delivery*)

типи́чный – typical

тра́тит – spends

Фонетика и интонация

 09-03. Review of vowel reduction: letters о, а, and ы. Read the following information. When you have completed your reading, mark accordingly.

As you have seen, Russian unstressed vowel letters are reduced. Although vowel reduction takes place in English as well, the two systems differ.

English:

2 syllables before stress	1 syllable before stress	Stressed syllable	Any syllable after stress
Prominent	*Not prominent*	*Very prominent*	*Not prominent*

PRO   PA   **GAN**   DA

Russian:

2 syllables before stress	1 syllable before stress	Stressed syllable	Any syllable after stress
Not prominent	*Prominent*	*Very prominent*	*Not prominent*

ПРО   **ПА**   **ГАН**   ДА

Reduction of o and a

Using the chart above, we can represent the vowel reduction of letters **o** and **a** as follows:

2 syllables before stress	1 syllable before stress	Stressed syllable	Any syllable after stress
Not prominent	*Prominent*	*Very prominent*	*Not prominent*

"uh"   "ah"   **No change: Read as fully stressed**   "uh"

❏ Yes, I have completed this activity.

❏ No, I have not completed this activity.

Note that as far as phonetics is concerned, prepositions behave as if they were unstressed syllables of the *following word*, as in **на платфо́рме.**

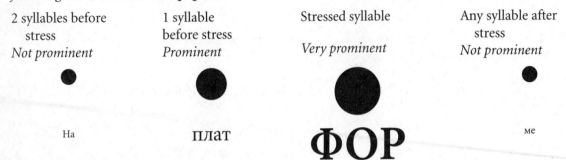

2 syllables before stress	1 syllable before stress	Stressed syllable	Any syllable after stress
Not prominent	*Prominent*	*Very prominent*	*Not prominent*
На	плат	**ФОР**	ме

Reduction of ы

Unlike **о** and **а,** the vowel letter **ы** reduces to an "uh"-type vowel only when it occurs *after the stress* but *not as part of a grammatical ending*:

шашлы́к	Read as **ы** — stressed
газе́ты	Read as **ы** — last letter in the word
му́зыка	Read as "uh" — after the stress and not the last letter in the word
но́вый	Read as **ы** — part of a grammatical ending

09-04. Listen to the utterances below. Mark the stressed (very prominent) vowel with "3." Place a "2" over the prominent vowels, that is, those which are one syllable before the stress. Write "1" over the nonprominent vowels, that is, those either more than one syllable before the stress or anywhere after the stress. Then repeat the words in the list as accurately as you can, paying attention to vowel reduction.

1. по • па • дём
2. ба • ка • ле • я
3. та • ба • ка
4. хо • ро • шо
5. по • ми • дор
6. за • ка • зы • ва • ла
7. на • вто • ро • е
8. на • слад • ко • е
9. по • ка • зы • ва • ла
10. му • зы • ка
11. до • ро • го
12. мо • ло • дой
13. ра • бо • та • ют
14. ду • ма • ют
15. по • ка • за • ла

● Письменные упражнения

09-05. **(Practice with large numbers)** Write or type out the words for the amount in rubles and kopecks.

52 50 *пятьдесят два рубля, пятьдесят копеек* _____

1. 32 50 _____

2. 10 20 _____

3. 7 92 _____

4. 91 52 _____

5. 84 70 _____

6. 11 200 _____

7. 19 800 _____

8. 22 350 _____

9. 91 700 _____

10. 110 800 _____

09-06. **(1. Есть and пить)** Fill in the blanks with the appropriate present-tense forms of **есть** or **пить**.

1. Утром я _____ хлеб и _____ чай с лимоном.

2. Маша _____ кашу и _____ молоко.

3. Её родители _____ яичницу и _____ чёрный кофе.

4. Днём я _____ суп с рыбой и _____ минеральную воду с газом.

5. Вы тоже _____ суп?

6. Вечером эти студенты обычно _____ кофе с молоком.

7. Ты обычно _____ кофе или чай?

8. Ты _____ сладкое каждый день?

9. Мы _____ фрукты и _____ минеральную воду.

10. Этот человек вегетарианец, он вообще не _____ мясо.

11. Мне нельзя _____ перец и _____ какао.

09-07. (**1. Есть, пить**) Compose ten factually and grammatically correct sentences from the elements given below. Use one phrase from each column in each sentence. Do not change word order.

я	Your choice of word here might affect both tense and aspect!		молоко
моя сестра	часто		грейпфрут
мой брат	редко		мясо
мои родители	сейчас	есть	водка
дети	раньше	пить	кофе
американцы	утром		пицца
русские	вечером		гамбургеры
студенты	никогда не		овощи
	каждый день		

1. _____

2. _____

3. _____

4. _____

5. _____

6. _____

7. _____

8. _____

9. _____

10. _____

09-08. (**2. Instrumental case**) Fill in the menu by placing the items provided into the instrumental case.

Словарь:

   докторская колбаса – bologna

   жареный – fried

   креветки – shrimp

   мясной фарш – ground meat (beef or pork)

1. Бутерброд с (докторская колбаса и сыр): _____
2. Суп с (креветки и красный перец): _____
3. Кофе с (молоко): _____
4. Чай с (лимон): _____
5. Курица с (пюре): _____
6. Рыба с (жареная картошка): _____
7. Капуста с (мясной фарш): _____
8. Мороженое с (шоколадный сироп): _____
9. Пицца с (овощи): _____
10. Минеральная вода с (газ): _____

09-09. (**2. Instrumental case**) Following the model, rewrite sentences replacing the **Я и . . .** expressions with **Мы с . . .** expressions. Then complete the sentence, using the phrase at the right and putting the verb into the appropriate form.

> Я и вы . . . идти на урок. ⟶ Мы с вами идём на урок.

1. Я и твой друг . . . любить ходить в кино.

   _____

2. Я и твоя мать . . . советовать тебе заниматься.

   _____

3. Я и семья . . . отдыхать дома.

   _____

4. Я и соседи по комнате . . . пойти в столовую.

   _____

5. Я и ты . . . взять вино?

   _____

6. Я и сестра . . . хорошо учиться.

   _____

7. Я и дети . . . заказать обед.

   _____

09-10. (**2. Instrumental case**) Один или вместе?

1. Вы живёте с родителями, с соседом (с соседкой) или одни?

   _____

2. Вы занимаетесь с друзьями или одни?

   _____

3. Вы ходите на занятия со знакомыми или одни?

   _____

4. Вы отдыхаете с семьёй или одни?

   _____

5. Вы обедаете с другими студентами или одни?

   _____

ВНИМАНИЕ

Он говорит:
Я живу один.

Она говорит:
Я живу одна.

09-11. (**4. Future tense of быть**) Make future-tense sentences from the following lists of words. Use the future tense of **быть.** Do not change word order. Be sure to put adjectives and nouns in the needed case.

1. Завтра / мы / быть / в / Санкт-Петербург.

   _____

2. Днём / у нас / быть / свободное время.

   _____

3. Кто / где / быть?

   _____

4. Маша и Катя / быть / в / Эрмитаж.

   _____

5. Кевин / быть / в / книжный магазин.

   _____

6. Я / быть / в / новая школа.

   _____

7. У / я / быть / там / лекция.

   _____

8. А / где / ты / быть, / Джон?

   _____

9. Нина Павловна, / где / вы / быть?

   _____

09-12. (**4. Future tense of быть—personalized**) Answer the following questions using complete sentences and the future tense of **быть.** Follow the model.

Где вы будете завтра днём? ➞ Завтра днём я буду в библиотеке.

1. Где вы будете в пятницу вечером? _____

2. Где вы будете во вторник утром? _____

3. Где будут ваши друзья в субботу утром? _____

4. Где вы будете в августе? _____

5. Где будут ваши родители на Новый год? _____

09-13. (**5. Imperfective future—personalized**) Indicate some things you will do next week by selecting ten activities from the list below and writing them in on the schedule. Do not use any verb more than twice. Follow the model.

читать газету, книгу, журнал, e-mail'ы, . . . писать письма, диссертацию, . . . слушать лекции, музыку, . . . рассказывать о России, . . . читать лекцию о политике, об экономике, . . . убирать комнату работать (где?) заниматься (где?) ужинать в ресторане пить кофе (пиво) с друзьями

Понедельник: *Я буду заниматься в библиотеке.*

Вторник: _____

_____

Среда: _____

_____

Четверг: _____

_____

Пятница: _____

_____

09-14. **(6. Verbal aspect)** Indicate whether the sentence is present tense or future. Check the words that make it possible to determine this. The first one is done for you.

Present   Future   Предложения

1. ● ○   ❏ Маша ☑сейчас ☑готовит ❏ пиццу.

2. ○ ○   ❏Завтра ❏она ❏приготовит ❏котлеты ❏по-киевски.

3. ○ ○   ❏Утром ❏она ❏купит ❏курицу.

4. ○ ○   ❏Каждый день ❏она ❏покупает ❏хлеб.

5. ○ ○   ❏Когда ❏она ❏будет в ❏Москве, ❏она не ❏будет ❏готовить.

6. ○ ○   ❏Она ❏всё ❏время ❏будет ❏ужинать в ❏столовой.

7. ○ ○   ❏Там ❏она ❏возьмёт ❏чай.

8. ○ ○   А ❏дома ❏она ❏обычно ❏берёт ❏кофе.

9. ○ ○   ❏Её ❏мама ❏советует ❏ей не ❏пить ❏кофе.

10. ○ ○   ❏Сегодня ❏вечером ❏она ❏возьмёт ❏шампанское.

11. ○ ○   ❏Что ❏отец ❏посоветует ❏ей ❏делать?

12. ○ ○   ❏Тане ❏надо ❏будет ❏есть ❏овощи и ❏фрукты ❏каждый ❏день.

09-15. **(6. Verbal aspect)** Select the appropriate forms of the verbs according to the context.

1. Ты долго ещё (будешь готовить/приготовишь) обед?

2. Ты весь вечер (будешь пить/выпьешь) пиво?

3. Ты мне (будешь брать/возьмёшь) кофе с молоком на завтрак?

4. А в России ты каждый день (будешь пить/выпьешь) чай на завтрак?

5. Ты быстро (будешь делать/сделаешь) пиццу? Гости ждут!

6. Ты (будешь читать/прочитаешь) книгу весь вечер?

7. Ты (будешь читать/прочитаешь) статью на завтра? На уроке будет экзамен!

8. Ты не (будешь говорить/скажешь), как по-русски «customs»?

9. В России ты (будешь говорить/скажешь) по-русски?

10. Ты вечером (будешь писать/напишешь) письмо тёте? Я завтра буду на почте.

09-16. (**6. Брать vs. взять**) Fill in the blanks using the present tense of **брать** and the future tense of **взять** where needed.

— Сейчас посмотрим, что в меню. Вот я, наверное, [*will get*] (1) _____ рыбу. Ты, как всегда,

[*will get*] (2) _____ мясо?

— Да. Я всегда [*get*] (3) _____ мясо.

— А если нет мяса?

— Тогда мы [*will get*] (4) _____ две порции рыбы.

— А на сладкое что мы [*will get*] (5) _____ ?

— Сейчас посмотрим. Интересно, что [*are getting*] (6) _____ эти

студенты. Кажется, им несут что-то очень вкусное.

09-17. (**6. Verbal aspect**) Translate into Russian.

1. "What are you going to buy for Katya?" "I'll buy her a white T-shirt."

   _____

   _____

2. "I always get chicken in restaurants, but today I'll get fish."

   _____

   _____

3. We'll tell them about the test today.

   _____

4. The students will read the article very quickly.

   _____

5. Mother will be cooking dinner all day long (**весь день**).

   _____

6. Today we'll order meat with rice.

   _____

7. We'll go to the store tomorrow.

   _____

09-18. (**7. Genitive for personal pronouns**) Answer the following questions in the negative using genitive of absence. Follow the model.

Маши здесь нет? ➡ Нет, её нет.

Книг здесь нет? ➡ Нет, их нет.

---

1. Друзей здесь нет? _____

2. Кирилла здесь нет? _____

3. Лампы здесь нет? _____

4. Родителей здесь нет? _____

5. Телефона здесь нет? _____

6. Детей здесь нет? _____

7. Лены здесь нет? _____

09-19. (**7. Prepositional of personal pronouns**) Answer the questions affirmatively, using pronouns as in the models.

Анна говорит о тебе? ➡ Да, она говорит обо мне.

Ты говоришь обо мне? ➡ Да, я говорю о тебе.

---

1. Они говорят об Олеге? _____

2. Олег говорит о родителях? _____

3. Родители говорят о детях? _____

4. Дети говорят о дне рождения? _____

5. Ты говоришь о курсах? _____

6. Вы говорите об Анне? _____

7. Студенты говорят об этом ресторане? _____

8. Папа говорит о тебе? _____

9. Преподаватель говорит о вас? _____

10. Вы говорите о нас? _____

09-20. (**7. Declension of personal pronouns**) Answer the following questions using pronouns according to the models.

— Алла говорит о Пете? ➡ — Да, она говорит о нём.
— Петя работает там? ➡ — Да, он работает там.
— Петя знает Аллу? ➡ — Да, он её знает.

1. Книги были здесь? _____

2. Саша говорил о Маше? _____

3. Маша знает Сашу? _____

4. Галя купила книгу? _____

5. Света думала о Вадиме? _____

6. У Люды есть машина? _____

7. Вы знаете родителей Вадима? _____

8. Вы знаете Андрея и Аню? _____

9. Дети думают о подарках? _____

09-21. (**Pulling it all together**) Answer the following questionnaire.

1. Какие фрукты вы любите?

   _____

2. Какие овощи вы любите?

   _____

3. Что вы любите есть на завтрак? На обед? На ужин?

   _____

4. Где вы обычно завтракаете? С кем?

   _____

5. Где вы обычно обедаете? С кем?

   _____

6. Где вы обычно ужинаете? С кем?

   _____

7. С кем вы обычно ходите в ресторан?

   _____

8. Что вы обычно заказываете в ресторане?

   _____

9. Что вы пьёте на завтрак? Если вы пьёте кофе или чай, то с чем вы его пьёте?

   _____

10. Что вам нельзя есть?

    _____

11. Что вам нельзя пить?

    _____

12. Что вам надо есть каждый день?

    _____

13. Какую кухню вы любите?

    _____

09-22. В ресторане. Fill in the blanks in the following dialog. Blanks require either full words or only endings. Pay attention to context and aspect.

— Что вы (1) _____ заказывать?

— (2) [*What*] _____ у вас горячие закуски?

— У нас есть пирожки с (3) капуст _____ , с (4) мяс _____ или с (5) гриб _____ .

— А что вы нам (6) _____ взять на первое?

— На первое я (7) _____ посоветую взять борщ или щи. Щи у нас очень (8) вкусн _____ .

— А на (9) _____ ?

— Есть (10) _____ по-киевски. Есть и шашлык.

— Принесите, пожалуйста, две (11) _____ шашлыка и мне щи.

— А (12) _____ , пожалуйста, порцию борща.

— А пить что вы (13) _____ ?

— Две бутылки (14) _____ (15) _____ с газом.

09-23. Тракти́р «Ёлки-Па́лки» (roughly, "Fiddlesticks Tavern") is a popular chain of family-oriented restaurants that feature typically Russian cuisine. In a search engine, find the company's site and navigate your way to the menu. Then answer the questions as best you can.

1. Судя по° меню, какие блюда вам понравятся?°

   су́дя по – *judging by*
   понра́вятся *fut. tense* <
   понра́виться – *perf. of* нра́виться

   Я думаю, что мне

   _____

   _____

   _____

   _____

   _____ .

2. Предположим,° что вы или один из ваших друзей — вегетарианец.

   предполо́жим <
   предположи́ть – *to assume*

   Какие блюда можно заказать на обед?

   Если ты вегетарианец, _____

   _____

   _____

   _____

   _____

3. Сколько будет стоить обед для одного человека, если не заказывать алкогольные напитки?

   Ну, если мы берём _____

   _____

   _____

   _____

   _____

4. Вы пришли в ресторан. Вдруг вы видите, что у вас денег мало! Что можно заказать, если у вас только 600 рублей?

   Ну, если мы берём _____

   _____

   _____

   _____

   _____

🔊 **09-24. Разговор 1. Пойдём в ресторан.** Listen to the conversation on the recording and answer the questions below.

Разговаривают Алла, Толя и Кевин.

1. Алла и Толя приглашают Кевина в ресторан. Почему?

   a. На день рождения Аллы.

   b. На день рождения Кевина.

   c. Просто так!

2. Как отвечает Кевин?

   a. Извините, но не могу. Я занят.

   b. С удовольствием!

   c. Ну зачем? Не надо!

3. В какой ресторан они пойдут?

   a. «Кавказ».

   b. «Север».

   c. «Ёлки-Палки».

🔊 **09-25. Разговор 2. В ресторане.** Listen to the conversation on the recording and answer the questions below.

Разговаривают Алла, Кевин и официа́нт.

1. **Что они будут пить?**

   a. Бутылку шампанского

   b. Две бутылки шампанского

   c. Бутылку водки

2. **Что они ещё заказывают?** Select the foods that Kevin and his friends order.

Закуски	Первое	Второе
мясной салат	борщ украинский	ростбиф
икра	бульон	котлеты по-киевски
мясное ассорти	щи	лангет
салат из огурцов	овощной суп	курица
салат из помидоров	рассольник	цыплята табака*

*цыпля́та табака́ – *a chicken dish from the Caucasus*

3. **А в чём проблема?** Check all that apply.

   a. _____ bad food

   b. _____ slow service

   c. _____ wrong items brought

🔊 **09-26. Разговор 3. Будем готовить шашлык.** Listen to the conversation on the recording and answer the questions below.

Разговаривают Олег и Элизабет.

1. Where does Oleg invite Elizabeth?

   a. restaurant

   b. picnic

   c. dacha

2. Oleg asks Elizabeth if she's ever tried shish kebab. What is the Russian word for shish kebab?

   a. шашлык

   b. люля-кебаб

   c. мясо

3. Select the items they must buy from the following list. Select all that apply.

   a. мясо   e. перец

   b. помидоры   f. огурцы

   c. лук   g. вино

   d. чеснок   h. хлеб

4. Where will they go to buy these things? Select all places mentioned.

   a. магазин

   b. рынок

   c. булочная

   d. супермаркет

5. When will they meet tomorrow?

   a. 9 часов

   b. 10 часов

   c. 8 часов

6. Where will they meet tomorrow?

   a. на даче

   b. у книжного магазина, где продают газеты

   c. на вокзале у газетного киоска

09-27. На стене писали о фаст-фуде. Your Russian friend from a social networking site wrote the following post. Read it and answer it, basing your comments on your own tastes *and staying within the bounds of the Russian you know.* The highlighted words are glossed.

> returned
> Только что **вернулась** из США. Я всегда думала, что плохо, что у нас так много фаст-фуда.
>
> similar
> А там . . . это не только «Макдоналдс», но и тысячи и тысячи **подобных** мест. Такое
> impression
> **впечатление,** что все едят только пластик.

Hints: You might want to incorporate these phrases:

Не все едят только в таких ресторанах. Я, например, . . .

Но иногда я ем . . .

Если я дома, то я готовлю . . .

Есть и хорошие рестораны, например . . . , где можно взять . . .

Of course, you can also make up other sentences. But stick to what you know.

_____

_____

_____

_____

_____

_____

_____

_____

09-28. Рецепты. Go to a search engine and type in a simple dish from this unit that interests you. Some suggestions: **винегрет, оливье, блины (блинчики).** Copy the recipe. Read and compare two different recipes for this dish, and note differences between Russian and American recipe styles (instruction styles, measurements, etc.). In class, compare the recipes you found with those your classmates found. Start a recipe collection for a Russian dinner with your classmates or Russian club.

Some words to help you:

ча́йная ло́жка – teaspoon

столо́вая ло́жка – tablespoon

доба́вить – add

нали́ть or **поли́ть** – pour/pour on

ре́зать – cut, slice

сме́шивать/смеша́ть – mix

_____

_____

_____

_____

_____

_____

_____

_____

_____

_____

_____

09-29. Интервью. Imagine that you will be interviewing a Russian visitor about Russian cuisine.

1. In preparation for the interview, write ten interesting questions about food. Find out who prepares the meals in the visitor's home, what the favorite dishes are, what ingredients are needed for one of the dishes, and whatever else interests you.

1. _____

2. _____

3. _____

4. _____

5. _____

6. _____

7. _____

8. _____

9. _____

10. _____

 2. Using your prepared questions, conduct a class interview in Russian with a visitor or with your teacher. Be sure to listen to other students' questions and to all the answers. Take notes so that you can reconstruct the information afterward.

 3. Compare your notes with two or three other students. Did you understand the same things? Check with your teacher if you have questions.

 4. Work with two or three other students to write one to two paragraphs in Russian about the information you learned during the interview.

●Видео

🔊 **09-30. Numbers in non-nominative.** Read and listen to the following information. When you have completed your reading and listening, mark accordingly.

You have already seen some numbers outside the nominative case. This unit also features non-nominative numbers in an **от . . . до** construction (*from . . . to . . .*).

You hear	It's spelled	It sounds like
около 2 часов	двух	двух
около 3 часов	трёх	трёх
около 4 часов	четырёх	читырёх
около 5 часов	пяти	питѝ
около 6 часов	шести	шыстѝ
около 7 часов	семи	симѝ
около 8 часов	восьми	васьмѝ
около 9 часов	девяти	дивитѝ
около 10 часов	десяти	дисѝти

❏ Yes, I have completed this activity.

❏ No, I have not completed this activity.

09-31. Что любят есть студенты? Write the letter of the food next to the number of the person who likes it.

1. _____ Женя	a. рыба
2. _____ Аня	b. суши
3. _____ Валерия	c. печенье
4. _____ Надя	d. рис

Женя

Аня

Валерия

Надя

_____ _____ _____ _____

09-32. Новые слова в контексте. Select the closest English meaning to each Russian word from the choices given.

1. обожать

   a. adore

   b. detest

   c. react

2. пар

   a. barbecue

   b. steam

   c. fry

3. печенье

   a. cookies

   b. bread

   c. rice

09-33. Продавщица в магазине. The saleswoman in this segment has come to Moscow from elsewhere. She has a slight regional accent.

Below are a number of statements that *paraphrase* those made by the saleswoman in the university food shop. Choose the word that would best complete the statement. Remember, these are paraphrases, not direct quotes.

1. Моя фамилия . . .

   a. Аллина

   b. Лысенко

   c. Лысенкова

   d. Савельева

2. Я родилась и выросла . . .

   a. в Чечне.

   b. в Сибири.

   c. в Украине.

   d. в Беларуси.

3. Я хочу изучать . . .

   a. финансы.

   b. филологию.

   c. психологию.

   d. журналистику.

4. У нас много покупателей . . .

   a. бедных.

   b. богатых.

   c. подростков.

   d. иностранцев.

09-34. Цены и цифры. Поставьте нужную информацию. Fill in the blanks to make statements that match the video, selecting from the word list provided.

> ванильный
> зефир
> крем-брюле
> рабочий день
> чай «Беседа»
> шоколадный
> «Тот самый чай индийский»

1. _____ от 10 до 10.

2. _____ стоит 11.50.

3. _____ можно купить в ассортименте 50, 100 и 200 грамм.

4. Зефир бывает трёх сортов, но сейчас в магазине только _____ , потому что _____ и _____ разобрали.

09-35. **Сухари** are made from dried bread. Listen and select all foods that you can sprinkle on **сухари**.

a. _____ мак

b. _____ сахар

c. _____ орехи

d. _____ изюм

e. _____ «Дарницкий»

f. _____ крем-брюле

09-36. **Магазин и его синонимы.** In this video segment you'll hear and see a number of synonyms for "food store." Watch the video and mark which ones you hear.

a. _____ гастроном

b. _____ минимаркет

c. _____ продовольственный магазин

d. _____ продуктовая лавка

e. _____ продуктовый магазин

f. _____ рынок

g. _____ супермаркет

h. _____ универсам

09-37. **Как сказать по-русски?** Based on what you saw in the video, replace the English words with their Russian equivalents from the lists below. Make sure that you adjust nouns for case. This may mean changing some endings.

1. Вот [elephant] _____ . На нём едет индийский [boy] _____ .

2. Здесь я [cut] _____ хлеб.

3. Я села на [diet] _____ , потому что я хочу [lose weight] _____ .

4. Этот рацион достаточен, чтобы получить полный комплекс [vitamins] _____ .

Nouns	**Verbs**
витамин	ехать/поехать: еду, едешь, едут
диета	кушать/покушать: кушаю, кушаешь, кушают
мальчик	резать/нарезать: режу, режешь, режут
отдел	худеть/похудеть: худею, худеешь, худеют
слон	
торт	

Биография

Устные упражнения

 Oral Drill 1 (1. Resemblance and review of accusative case) Say that the person showing you pictures resembles the people in the photographs.

> — Это фотогра́фия ма́мы. ➡ — Вы о́чень похо́жи на ма́му!
>
> — Это фотогра́фия бра́та. ➡ — Вы о́чень похо́жи на бра́та!

Это фотогра́фия . . .

па́пы, тёти, роди́телей, ба́бушки, ма́тери, дя́ди, отца́, сестры́, бра́та, де́душки

 Oral Drill 2 (1. Resemblance and review of accusative case) Agree with the speaker that the people look alike.

> — Сын похо́ж на отца́. ➡ — И оте́ц похо́ж на сы́на.
>
> — Мать похо́жа на дочь. ➡ — И дочь похо́жа на мать.

Брат похо́ж на сестру́.
Муж похо́ж на мать.
Ты похо́ж на меня́.
Мы похо́жи на вас.
Она́ похо́жа на него́.

Они́ похо́жи на нас.
Вы похо́жи на неё.
Ве́ра похо́жа на Макси́ма.
Эта студе́нтка похо́жа на бра́та.
Де́ти похо́жи на роди́телей.

 Oral Drill 3 (2. Expressing location) Say where these cities or countries are located.

> Москва́ – Вашингто́н ➡ Москва́ на восто́ке от Вашингто́на.
>
> Алаба́ма – США ➡ Алаба́ма на ю́ге США.

Герма́ния – Росси́я, Нью-Йо́рк – Лос-Анджелес, Сан-Дие́го – Калифо́рния, Испа́ния – Фра́нция, Ки-Уэ́ст – Фло́рида, Ме́ксика – США, Бо́стон – Массачу́сетс, США – Кана́да, Нева́да – Калифо́рния

🔊 Oral Drill 4 (3. Going to elementary/high school or university) Listen for these students' level of study. Then state whether they go to elementary/high school or college.

> — Ви́тя у́чится в деся́том кла́ссе. ➡ — Зна́чит, он у́чится в шко́ле.
>
> — Алла у́чится на тре́тьем ку́рсе. ➡ — Зна́чит, она́ у́чится в университе́те.

Зи́на у́чится на пе́рвом ку́рсе.
Жа́нна у́чится на пя́том ку́рсе.
Ко́ля у́чится в шесто́м кла́ссе.
Марк у́чится во второ́м кла́ссе.
Та́ня у́чится на тре́тьем ку́рсе.
Воло́дя у́чится на второ́м ку́рсе.

🔊 Oral Drill 5 (3. Going to elementary/high school or university) When told where various people go to school, ask what year they are in.

> — Ма́ша у́чится в шко́ле. ➡ — Да? В како́м кла́ссе она́ у́чится?
>
> — Бра́тья Ка́ти у́чатся в институ́те. ➡ — Да? На како́м ку́рсе они́ у́чатся?

Де́ти у́чатся в шко́ле.
Ди́ма у́чится в университе́те.
Сёстры Са́ши у́чатся в институ́те.
Анто́н у́чится в шко́ле.
До́чери сосе́да у́чатся в шко́ле.
Вале́ра у́чится в медици́нском институ́те.

🔊 Oral Drill 6 (3. Поступа́ть/поступи́ть куда́) Listen to the statements telling you how good a student various people are. Then indicate the probability that they will go to the university.

> — Я хорошо́ учу́сь. ➡ — Ты, наве́рное, посту́пишь в университе́т.
>
> — Ва́ря пло́хо у́чится. ➡ — Она́, наве́рное, не посту́пит в университе́т.

Ми́ла хорошо́ у́чится.
Са́ша пло́хо у́чится.
Я хорошо́ учу́сь.
Бра́тья хорошо́ у́чатся.
Друзья́ пло́хо у́чатся.
Вы хорошо́ у́читесь.
Ты хорошо́ у́чишься.
Сын сосе́да пло́хо у́чится.

🔊 **Oral Drill 7 (3. Поступа́ть/поступи́ть *куда*)** When told where various people go to school, ask when they entered.

— Ма́ша у́чится в институ́те. ➡ — А когда́ она́ поступи́ла в институ́т?

— Мы у́чимся в аспиранту́ре. ➡ — А когда́ вы поступи́ли в аспиранту́ру?

Я учу́сь в ко́лледже.
Воло́дя у́чится в университе́те.
Ми́ша у́чится в аспиранту́ре.
Кири́лл и Ва́ня у́чатся в акаде́мии.
Ла́ра у́чится в гимна́зии.

🔊 **Oral Drill 8 (3. Око́нчить шко́лу/университе́т/институ́т)** Ask when the people will graduate.

— Ма́ша у́чится в шко́ле. ➡ — А когда́ она́ око́нчит шко́лу?

— Мы у́чимся в аспиранту́ре. ➡ — А когда́ вы око́нчите аспиранту́ру?

Я учу́сь в институ́те.
Воло́дя у́чится в университе́те.
Ми́ша у́чится в шко́ле.
Кири́лл и Ва́ня у́чатся в аспиранту́ре.
Ла́ра у́чится в ко́лледже.

🔊 **Oral Drill 9 (4. В како́м году́?)** Check that you heard the birth years of the Russian writers correctly.

— Юлия Вознесе́нская родила́сь в 1940-о́м году́. ➡ — В како́м году́? В 1940-о́м году́?

Алекса́ндр Солжени́цын роди́лся в 1918-ом году́.
Викто́рия То́карева родила́сь в 1937-о́м году́.
Бори́с Пастерна́к роди́лся в 1890-ом году́.
Осип Мандельшта́м роди́лся в 1891-ом году́.
Наде́жда Мандельшта́м родила́сь 1899-ом году́.
Влади́мир Маяко́вский роди́лся в 1893-ем году́.
Евге́ния Ги́нзбург родила́сь в 1906-о́м году́.
Васи́лий Аксёнов роди́лся в 1932-о́м году́.
Ви́ктор Пеле́вин роди́лся в 1962-о́м году́.

🔊 **Oral Drill 10 (5. Че́рез, наза́д)** Say when various people will graduate from the university.

— Когда́ брат око́нчит университе́т? (3, год) ➡ — Брат око́нчит университе́т че́рез три го́да.

Когда́ . . .

твой племя́нник (3, ме́сяц), ва́ша двою́родная сестра́ (4, год), их де́ти (2, неде́ля), её сын (5, год), его́ жена́ (6, неде́ля), на́ша племя́нница (7, ме́сяц), муж Ири́ны (неде́ля)

🔊 **Oral Drill 11 (5. Че́рез, наза́д)** Say when these people entered graduate school.

> — Когда́ Окса́на поступи́ла в аспиранту́ру? (два, год) ➡️
>
> — Окса́на поступи́ла в аспиранту́ру два го́да наза́д.

Когда́ . . .

э́та америка́нка (пять, ме́сяц), её подру́га (год), их бра́тья (три, год), его́ сосе́д (пять, неде́ля), на́ши друзья́ (два, ме́сяц), Джон (три, неде́ля), Ви́ка Соколо́ва (четы́ре, ме́сяц)

🔊 **Oral Drill 12 (5. Че́рез, наза́д)** Substitute with the cue given.

> Я око́нчу университе́т че́рез год.
>
> Ма́ша ➡️ Ма́ша око́нчит университе́т че́рез год.
>
> год наза́д ➡️ Ма́ша око́нчила университе́т год наза́д.

Ива́н	они́
за́втра	че́рез 3 го́да
вчера́	я
мы	ты
Анна	4 ме́сяца наза́д
че́рез неде́лю	они́

🔊 **Oral Drill 13 (6. Verbal aspect)** When asked if you are doing something, say that you've already finished it.

> — Вы чита́ете кни́гу? ➡️ — Мы уже́ прочита́ли кни́гу.

Вы за́втракаете?	Вы зака́зываете стол в рестора́не?
Вы обе́даете?	Вы расска́зываете о семье́?
Вы у́жинаете?	Вы пока́зываете фотогра́фии?
Вы пи́шете письмо́?	Вы гото́вите пи́ццу?
Вы смо́трите фильм?	

🔊 **Oral Drill 14 (Review of all tenses)** You're talking to a chatterbox and you've lost your temper. Insist that you don't want to hear another word about what the person in question did, is doing, or is going to do!

> — Вы зна́ете, где отдыха́ет Жа́нна? ➡️
>
> — Не зна́ю, где она́ отдыха́ла, где она́ отдыха́ет и́ли где она́ бу́дет отдыха́ть!

Вы зна́ете, . . .

где рабо́тает Евге́ний?	где живу́т де́ти?
где у́чится Ва́ня?	где я учу́сь?
где живёт Воло́дя?	где мы рабо́таем?

🔊 Oral Drill 15 (6. New verb: пока́зывать/показа́ть) Your friend is looking for people who promised to show her their photos. Assure her that the person will show them right away.

— Где Вади́м? Мы ещё не смотре́ли его́ фотогра́фии! ➡

— Он их сейча́с пока́жет.

— Где они́? Мы ещё не смотре́ли их фотогра́фии! ➡

— Они́ их сейча́с пока́жут.

Где . . .

сосе́ди, э́ти тури́сты, фото́граф, она́, на́ши друзья́, Аня, роди́тели, ва́ша племя́нница

🔊 Oral Drill 16 (6. New verb: расска́зывать/рассказа́ть) Assure your friend that he hasn't yet missed the story about how someone moved from one place to another. The story is about to be told.

— Воло́дя рассказа́л, как он перее́хал? ➡ — Нет, но сейча́с расска́жет.

— Вы рассказа́ли, как вы перее́хали? ➡ — Нет, но сейча́с расска́жем.

Они́ рассказа́ли, как они́ перее́хали?
Сосе́д . . . ?
Валенти́на Влади́мировна . . . ?
Ты . . . ?
Ва́ши бра́тья . . . ?
Вы . . . ?

🔊 Oral Drill 17 (6. New verb: переезжа́ть/перее́хать) You're asked if various people move a lot. State that they do, and add that they moved a year ago and will move again in a year.

— Вы ча́сто переезжа́ете? ➡

— Да, мы переезжа́ем ча́сто. Мы перее́хали год наза́д и перее́дем че́рез год.

Эта семья́ ча́сто переезжа́ет?
Брат Ве́ры . . . ? Их де́ти . . . ?
Роди́тели Ро́берта . . . ?
Твой друг . . . ? Ты . . . ?

🔊 Oral Drill 18 (6. New verb: реша́ть/реши́ть) When asked if someone is still deciding what to do, indicate that the person has already decided.

— Ви́тя ещё реша́ет, что де́лать? ➡ — Нет, он уже́ реши́л.

— Ты ещё реша́ешь, что де́лать? ➡ — Нет, я уже́ реши́л.

На́дя, Валенти́н Петро́вич, Со́фья Алекса́ндровна, Гри́ша и Пе́тя, вы

🔊 **Oral Drill 19 (7. Review of motion verbs: ходи́л vs. пошёл)** Answer yes to the questions. If asked whether Katya is somewhere else, answer that she has gone there (and not returned). If asked whether she was there, answer that she went there and came back.

> — Где Ка́тя? В магази́не? ➡ — Да, она́ пошла́ в магази́н.
>
> — Где была́ Ка́тя? В музе́е? ➡ — Да, она́ ходи́ла в музе́й.

Где Ка́тя? На ле́кции?
Где была́ Ка́тя? В кино́?
Где была́ Ка́тя? На ры́нке?
Где Ка́тя? На стадио́не?
Где Ка́тя? В бассе́йне?
Где была́ Ка́тя? На конце́рте?
Где Ка́тя? В рестора́не?

🔊 **Oral Drill 20 (7. Review of verbs of going: е́здил vs. пое́хал)** Answer yes to the questions. If asked whether various people are somewhere else, answer that they have gone there (and not returned). If asked whether they were there, answer that they went there and came back.

> — Где Ната́ша? В бассе́йне? ➡ — Да, она́ пое́хала в бассе́йн.
>
> — Где был Ге́на? В больни́це? ➡ — Да, он е́здил в больни́цу.

Где Серге́й? На рабо́те?
Где была́ ба́бушка? На ры́нке?
Где бы́ли де́ти? В музе́е?
Где ру́сские студе́нты? На ле́кциях?
Где тури́сты? В теа́тре?

Где был твой ста́рший брат? На стадио́не?
Где была́ ва́ша тётя? На конце́рте?
Где Игорь? В институ́те?
Где ва́ши сосе́ди? До́ма?
Где был наш преподава́тель? В Росси́и?

🔊 **Oral Drill 21 (8. Have been doing)** How would you say how long various people have been in college?

> — Ско́лько вре́мени э́тот студе́нт у́чится в университе́те? (6, ме́сяц) ➡
>
> — Он у́чится в университе́те шесть ме́сяцев.

Ско́лько вре́мени у́чится . . .

твой друг (2, год)
ваш племя́нник (3, ме́сяц)
его́ дочь (4, год)
их внук (7, ме́сяц)
сестра́ Серге́я (2, неде́ля)
её двою́родный брат (5, год)

●Числительные

🔊 **10-01.** Listen to the recording and write down the years of birth of these famous people.

год рожде́ния

1. Юрий Гага́рин (пе́рвый космона́вт)   _____

2. Земфи́ра Рамаза́нова (арти́стка эстра́ды)   _____

3. Влади́мир Пу́тин (полити́ческий де́ятель)   _____

4. Евге́ний Каспе́рский (программи́ст)   _____

5. Рена́та Литви́нова (киноактри́са)   _____

6. Валенти́на Матвие́нко (поли́тик)   _____

7. Людми́лаУли́цкая (писа́тель)   _____

8. Илья́ Глазуно́в (худо́жник)   _____

9. Алексе́й Балаба́нов (кинорежиссёр)   _____

10. Бе́лла Ахмаду́лина (поэ́т)   _____

Фонетика и интонация

🔊 **10-02. IC-4 in questions asking for additional information.** Read the following information about Intonation Contour 4 (IC-4). When you have completed your reading, mark accordingly.

Intonation contour (IC-4)

IC-4 is used for questions beginning with the conjunction **a** that ask for additional information on the topic at hand. The best English equivalent is "And what about . . . ?" IC-4 is characterized by a low rising tone:

$$\qquad\quad 3 \qquad\qquad\qquad 1$$
— Когда́ мне бы́ло 10 лет, мы перее́хали в Кли́вленд.

$$\qquad 4 \qquad\qquad\qquad\qquad\qquad\qquad 4$$
— А до э́того?   — А пото́м?

$$\qquad\qquad\qquad 1 \qquad\qquad\qquad\qquad\qquad\qquad\qquad 1$$
— До э́того мы жи́ли в Чика́го.   — А пото́м мы перее́хали в Да́ллас.

Keep in mind that not all utterances beginning with **a** feature IC-4, only those that ask for additional information.

❑ Yes, I have completed this activity.

❑ No, I have not completed this activity.

10-03. IC-4. Determine which of the sentences below can be expected to have IC-4. Then listen to the recording to see if you were correct. Mark your responses below by selecting "yes" or "no" for each sentence. If there are two sentences within a numbered item, mark each one.

	Yes	No
1. — Кто это на фотогра́фии?	☐	☐
2. — Брат.	☐	☐
3. — А это?	☐	☐
4. — Сестра́. Вот сестра́ родила́сь в Ирку́тске.	☐	☐
5. — А брат? Он то́же из Ирку́тска?	☐	☐
6. — Нет, он роди́лся и вы́рос в Новосиби́рске. Пото́м он переє́хал в Москву́ рабо́тать.	☐	☐
7. —А институ́т? Како́й институ́т он око́нчил?	☐	☐
8. — А он не учи́лся в институ́те. Он сра́зу пошёл рабо́тать.	☐	☐
9. — А сестра́? Она́ учи́лась в институ́те?	☐	☐
10. — Она́ ещё у́чится. В медици́нском. На пя́том ку́рсе.	☐	☐
11. — А пото́м?	☐	☐
12. — Пото́м ординату́ра.	☐	☐
13. — А по́сле э́того?	☐	☐
14. — Рабо́та в го́спитале.	☐	☐

Письменные упражнения

10-04. (**1. Expressing resemblance**) Following the model, write that the following people look alike.

дочь, Иван ➔	Дочь похожа на Ивана.

1. Маша, бабушка

   _____

2. сын, отец

   _____

3. этот молодой человек, родители

   _____

4. Вадим, братья

   _____

5. дедушка, наш президент

   _____

6. Лена, тётя

   _____

7. Анна, сёстры

   _____

10-05. (**1. Expressing resemblance**) Write five sentences about your resemblance to members of your family.

1. _____
2. _____
3. _____
4. _____
5. _____

10-06. **(2. Expressing location)** Fill in the blanks with the appropriate word, consulting the map on the inside cover of the textbook as needed.

1. Новгород на _____ от Санкт-Петербурга.

2. Новосибирск на _____ от Иркутска.

3. Екатеринбург на _____ от Москвы.

4. Вильнюс на _____ от Минска.

10-07. **(2. Expressing location)** Describe the location of your hometown with respect to the following cities. Remember that foreign nouns ending in **-о** or **-и** do not decline.

1. Чикаго

   _____

2. Атланта

   _____

3. Лос-Анджелес

   _____

4. Сан-Антонио

   _____

5. Филадельфия

   _____

10-08. **(3. поступать/поступить** *куда,* **окончить** *что*) Insert the preposition **в** where needed.

1. Лариса окончила _____ школу в 2000-ом году. Потом она поступила _____ университет.

2. Её знакомые Гриша и Яша уже окончили _____ университет.

3. Когда Гриша окончил _____ университет, он поступил _____ аспирантуру.

4. Брат Ларисы поступал _____ медицинский институт, но не поступил.

5. Её сестра окончила _____ гимназию в прошлом году.

10-09. (**Education vocabulary**) Express the following questions in Russian. Do not translate word for word; rather, use the needed Russian structures. Use **вы.** Pay special attention to verb tense.

1. When did you graduate from school?

   _____

2. When did you enter the university?

   _____

3. When did your mother finish graduate school?

   _____

4. Will your brother enter an institute when he finishes high school?

   _____

   _____

5. Do all Russian schoolchildren apply to the university?

   _____

10-10. (**Education vocabulary: в классе vs. на курсе**) Fill in the blanks with the appropriate words. You should be able to tell which grade or class the people mentioned are in based on the context.

Аня учится в школе, (1) _____ первом (2) _____ . Её брат Миша на два года старше.
Он учится (3) _____ (4) _____ (5) _____ . Их сосед Андрей поступил
в институт в сентябре. Значит, он учится (6) _____ (7) _____ (8) _____ .
Сестра Андрея окончит институт в июне. Значит, она учится (9) _____ (10) _____
(11) _____ .

10-11. (**Education vocabulary**) Answer in complete sentences. If you do not know the answers about Russian schools, look them up on the Web. Write your answers by presenting old information at the beginning and new information at the end. For example:

Сколько классов в американской школе?
В американской школе . . .

1. Сколько классов в американской школе?

   _____

2. Сколько классов в русской школе?

   _____

3. Сколько лет обычно учатся американские студенты? (Внимание: студент ≠ школьник!)

   _____

4. Сколько лет обычно учатся русские студенты? (Внимание: студент ≠ школьник!)

   _____

10-12. (**Education vocabulary—personalized**) Answer in complete sentences.
Use the following phrases if you need them:

- No one is in (grade/high) school. = **Никто не учится в школе.**

- No one is in college/university. = **Никто не учится в университете.**

1. На каком курсе вы учитесь?

    _____

2. Сколько лет вы ещё будете учиться?

    _____

3. Кто в вашей семье учится в школе? В каком классе?

    _____

4. Кто в вашей семье учится в университете? На каком курсе?

    _____

10-13. (**4. Expressing year when—personalized**) Answer the following questions in complete sentences. If you do not have the relative(s) asked about in a question, skip that question. Write numbers as words and add in stress marks. Practice saying the sentences until you can do so quickly and confidently.

1. В каком году вы родились?

    _____

2. В каком году родились ваши родители?

    _____

    _____

    _____

3. В каком году родились ваши братья и сёстры?

    _____

    _____

    _____

4. В каком году родилась ваша жена (родился ваш муж)?

    _____

    _____

5. В каком году родились ваши дети?

_____

_____

_____

10-14. **(5. Через, назад)** Using a time expression with **через** or **назад,** pick five questions below and answer them in complete sentences.

1. Когда вы окончили школу?

2. Когда вы поступили в университет?

3. Когда вы окончите (окончили) университет?

4. Когда вы были в России?

5. Когда вы едете в Москву?

6. Когда вы первый раз ездили в Вашингтон?

7. Когда вы слушали радио?

8. Когда вы будете читать русскую литературу на русском языке?

9. Когда вы будете отдыхать?

10. Когда вы будете смотреть телевизор?

_____

_____

_____

_____

_____

_____

_____

_____

10-15. **(6. Verbal aspect: past tense)** Identify whether the verbs in bold are imperfective or perfective and use the list below to indicate why. Enter "i" in the first blank next to imperfective verbs and "p" next to perfective verbs. In the second blank, write the letter corresponding to the best answer from the list below.

a. Length of action emphasized

b. Focus is on the action

c. Focus is on the result

d. Present-tense verb

e. Single completed action

f. Repetition indicated

g. Multidirectional motion verb used

1. Вчера Лена долго __ __**читала** книгу. Наконец она её __ __**прочитала**.

2. Андрей долго __ __**писал** письмо. Теперь он его __ __**написал**.

3. — Американцы часто __ __**переезжают?**

— Да. Мы, например, __ __**переезжали** часто. Когда мне было 10 лет, мы __ __**переехали** в Чикаго.

4. — Вы __ __**обедаете?**

— Нет, уже __ __**пообедала**.

5. Вы __ __**читали** «Братьев Карамазовых»?

6. — Вы __ __**слушаете** запись текста?

— Мы её уже __ __**послушали**. Теперь __ __**слушаем** музыку.

7. Вы уже __ __**купили** новый шарф?

8. — Что вы __ __**делали** вчера?

— __ __**Ходила** в кино, __ __**читала**, __ __**отдыхала**.

9. — Вы вчера __ __**писали** письмо?

— Да, и __ __**написала**.

10. Мы __ __**пошли** в центр, __ __**купили** овощи и __ __**приготовили** вкусный ужин.

11. Соня обычно __ __**покупала** газету, но вчера Витя __ __**купил** её.

12. На прошлой неделе Гриша __ __**читал** газету каждый день.

13. Вера часто __ __**заказывала** стол в ресторане.

14. Лара редко __ __**заказывала** билеты,* она обычно __ __**покупала** их в театре.

15. Мы __ __**заказали** билеты в театр.

*билéт – *ticket*

10-16. **(6. Verbal aspect: past tense)** Skim the following passage. You do not know every word in it, but you should be able to understand a great deal of it. Then read it again, and determine whether the verbs in bold are imperfective or perfective. Mark "i" for imperfective or "p" for perfective in the first blank. In the second blank, write the letter corresponding to the best answer from the list below.

a. Length of action emphasized

b. Focus is on the action

c. Focus is on the result

d. Present-tense verb

e. Single completed action

f. Repetition indicated

g. Multidirectional motion verb used

Здравствуйте! Меня зовут Анна. Я (1)__ __**родилась** в Берлингтоне, штат Вермонт. Но когда мне было два года, наша семья (2)__ __**переехала** в Вашингтон. Я там и (3)__ __**выросла**. Когда я была маленькой, я всё время (4)__ __**читала**. Родители меня всегда (5)__ __**спрашивали**: «Что ты всё время сидишь дома? Иди лучше на улицу». А я всегда (6)__ __**отвечала**: «Мне и так хорошо». Родители ничего не (7)__ __**понимали**. Когда мне было семнадцать лет, я (8)__ __**поступила** в университет на факультет английского языка. В университете (9)__ __**училась** очень хорошо. Все преподаватели мне (10)__ __**советовали** поступить в аспирантуру. Но у меня не было денег. Поэтому когда я (11)__ __**окончила** университет, я (12)__ __**решила** пойти работать. Я (13)__ __**думала** так: «Сначала я поработаю, заработаю деньги, потом (14)__ __**поступлю** в аспирантуру». Через два года я (15)__ __**поступала** в Мичиганский университет, но не (16)__ __**поступила**. Наконец, в 2010-ом году я (17)__ __**поступила** в аспирантуру. Моя специальность — американская литература. Как видите, всё хорошо, что хорошо кончается.

10-17. **(6. Verbal aspect: past tense)** Select the appropriate verbs.

1. Вчера мы (покупали / купили) газету вечером, но раньше мы всегда (покупали / купили) её утром.

2. Когда мы жили в Воронеже, мы часто (заказывали / заказали) билеты в театр. Мы их (заказывали / заказали) по телефону.

3. Наша семья часто (переезжала / переехала). Например, в 86-ом году мы (переезжали / переехали) в Кливленд, а в 87-ом году мы (переезжали / переехали) в Олбани.

4. Раньше Ксана всегда (читала / прочитала) Толстого. Вчера она (читала / прочитала) книгу Достоевского.

5. Петя часто (писал / написал) письма.

6. Наташа и Вера редко (покупали / купили) книги. Они обычно (читали / прочитали) их в библиотеке. Но вчера они (покупали / купили) книгу.

7. — Надя показывает квартиру?

   — Она её уже (показывала / показала).

8. — Что делал Ваня вчера?

   — Он (рассказывал / рассказал) о семье.

9. — Костя рассказывает об Америке?

   — Он уже всё (рассказывал / рассказал).

10. — Дети обедают?

    — Они уже (обедали / пообедали).

11. — Что делали дети?

    — Они (обедали / пообедали).

12. — Вы ужинаете?

    — Нет, мы уже (ужинали / поужинали).

13. Когда Сергею было 10 лет, он всегда (читал / прочитал) книги.

14. Вчера мы (покупали / купили) продукты, (готовили / приготовили) ужин и (ужинали / поужинали) дома.

15. Раньше мы редко (покупали / купили) продукты и (ужинали / поужинали) дома.

16. Вчера мы весь день (готовили / приготовили) ужин.

10-18. (**6. Verbal aspect: past tense**) Fill in the blanks with an appropriate past-tense verb.

1. — Вы обедаете?

   — Нет, мы уже _____ .

2. — Вы читаете газету?

   — Нет, я её уже _____ .

3. — Вы готовите ужин?

   — Нет, мы его уже _____ .

4. — Мария пишет упражнение?

   — Нет, она его уже _____ .

5. — Алёша смотрит программу?

   — Нет, он её уже _____ .

6. — Дети показывают фотографии?

   — Нет, они их уже _____ .

7. — Рик рассказывает о Флориде?

   — Нет, он уже _____ .

8. — Он поступает в аспирантуру?

   — Он уже _____ .

9. — Она переезжает?

   — Она уже _____ .

10. — Кира решает, где учиться?

    — Она уже _____ .

11. — Света заказывает стол в ресторане?

    — Она его уже _____ .

12. — Вы покупаете словарь?

    — Мы его уже _____ .

10-19. (7. **Review of motion verbs: ездил vs. поехал, ходил vs. пошёл**) Fill in the blanks with the appropriate form of the needed verb.

1. — Где Иван? — Он _____ в Москву.

2. — Где была Маша неделю назад? — Она _____ в Киев.

3. — Где Анна? — Она _____ в кино.

4. — Где она была вчера? — Утром _____ на рынок.

5. — Где были родители? — Они _____ в Тверь.

6. — Где дети? — Они _____ в школу.

7. — Где Андрей? — Он _____ в Петербург.

8. — Где вы были неделю назад? — Мы _____ в Ереван.

9. — Где вы были во вторник? — Мы _____ в зоопарк.

10. — Где профессор? — Он _____ в библиотеку.

10-20. (7. **Verbs of motion review**) Translate into Russian. Stay close to the English word order.

1. "Where is your daughter?" "She went to Chicago."

   _____

2. "Where did your parents go last year?" "They went to Italy."

   _____

3. "Where are the kids?" "They went to the pool."

   _____

4. "Where were you on Saturday?" "I went to a concert."

   _____

5. "Where is he going?" "He's going to the store."

   _____

6. "Do your friends often go to the theater?" "Yes, they go often."

   _____

7. "Where was Vanya a week ago?" "He went to the dacha."

   _____

8. "Where is your teacher?" "She went to the library."

   _____

10-21. (**8. Have been doing**) Express in Russian. Write out numbers as words.

1. "How long have you been living in the dorm?" "I've been living there for three years."

_____

_____

2. "How long has your sister been going to college?" "She has been going to college for four months."

_____

_____

3. "How long has your nephew been studying Russian?" "He has been studying it for a year."

_____

_____

4. "How long have your friends been working here?" "They have been working here for just a month."

_____

_____

10-22. (**8. Have been x-ing—personalized**) Complete the following sentences so that they are factually and grammatically accurate.

1. Я давно _____

2. Мои родители давно _____

3. Я изучаю русский язык _____

10-23. (**Review**) Compose an accurate paragraph in Russian by putting the correct endings on the following elements. Do not change word or sentence order and do not add any words.

(1) У / Кирилл / и / Елена / двое / дети. (2) Сын / уже / учиться / в / институт. (3) Он / туда / поступить / два / год / назад. (4) Его / сестра / ещё / учиться / в / школа. (5) Она / учиться / в / десятый / класс. (6) Когда / она / окончить / школа, / она / хотеть / пойти / работать.

1. _____

2. _____

3. _____

4. _____

5. _____

6. _____

10-24. Подготовка к интервью. Pick three famous living Russians in whom you are interested. Use Wikipedia (in English or Russian) to find out as much information as possible about each person and his/her family. Then compose a question-answer dialog such as the following:

— Как зовут автора романа «Generation П»?

— Его зовут Виктор Пелевин.

— Сколько ему лет?

— Сейчас ему _____ лет. Он родился в 1962 году.

— Какое у него образование?

— Он окончил Московский энергетический институт в 1985 году.

— Что мы знаем о его семье?

— Трудно ответить, потому что в Википедии этой информации нет.

If you pick a historical figure from the past, everything must be in the past tense:

— Как **звали** первого человека в космосе?

— Его **звали** Юрий Гагарин.

— Когда он **родился?**

— Он **родился** в 1934 году.

— Какое у него **было** образование?

— Он **поступил** в Саратовский индустриальный техникум в 1951 году.

— Что мы знаем о его семье?

— У него **было** двое детей.

Vary your questions according to the information you find.

_____

_____

_____

_____

_____

_____

_____

_____

_____

_____

10-25. Интервью. You have been asked to write a feature article for your local newspaper about one of the three people whom you looked up in Exercise 10-24.

1. Bring your interview questions to class. Compare your questions with those of a classmate. Help each other determine the appropriateness and accuracy of your questions.

2. Conduct the interview. Your teacher or a visitor will play the role of the celebrity; you may provide your own answers found on the Internet as a guide. Be sure to take notes!

3. On the basis of your interview notes, write the newspaper article in English. This will allow you and your teacher to evaluate how much of the interview you were able to understand.

_____

_____

_____

_____

_____

_____

_____

10-26. Выступле́ние. Consult a Russian encyclopedia or Wikipedia in Russian.

1. Find basic information on a Russian cultural figure (e.g., where he/she was born, grew up, lived, and worked). You may pick someone from the list below, someone whom you had already researched above (but not written up for the school newspaper), or someone else.

Никола́й Бердя́ев, Юрий Гага́рин, Алекса́ндр Ге́рцен, Фёдор Достое́вский, Ольга Кни́ппер, Алекса́ндра Коллонта́й, Наде́жда Кру́пская, Ве́ра Пано́ва, Ма́йя Плисе́цкая, Серге́й Проко́фьев, Алекса́ндр Пу́шкин, Валенти́на Терешко́ва, Лев Толсто́й, Пётр Чайко́вский, Анто́н Че́хов, Влади́мир Маяко́вский, Дми́трий Шостако́вич, Васи́лий Канди́нский, Марк Шага́л, Серге́й Эйзенште́йн, Була́т Окуджа́ва, Влади́мир Высо́цкий, Людми́лаУли́цкая, Евге́ний Гришкове́ц, Рена́та Литви́нова, Алла Пугачёва, Земфи́ра

2. Present your findings to the class. Remember to use what you know, not what you don't.
3. Take notes as your classmates give their presentations.

Видео

10-27. Read the following information prior to watching the video. When you have completed your reading, mark accordingly.

Географические названия в России

Geographical names in Russia and the former Soviet Union have undergone numerous changes over the last century. You may need some background to follow what the speakers have to say.

Санкт-Петербург is the original and current name of the city on the Neva. In a show of patriotism in World War I, Czar Nicholas II had the city renamed to the more Russian-sounding **Петроград**. Between 1924 and 1991, the former Russian capital bore the name **Ленинград**. Today some older Russians still say **Ленинград**. And nearly everyone uses the colloquial **Питер**.

Former Soviet republics. Nearly all of the Soviet republics and their main cities had Russianized names, which are still in common use today inside Russia. However, the old Russianized names have an air of political incorrectness. Among these are:

Республики

Беларусь (*fem.*: в Беларуси) – was Белоруссия

Молдова – was Молдавия

Кыргызстан – was Киргизия

Татария (Татарстан) – was Татарская Автономная Республика

Города

Алматы (former capital of Казахстан) – was Алма-Ата

Бакы (capital of Азербайджан) – was Баку

Бишкек (capital of Кыргызстан) – was Фрунзе

Finally, most Russians inside Russia say **на Украине**. But the politically correct variant is **в Украине**. This has to do with the name of the country itself. **Край** means "edge." The use of **на** makes it sound like Ukraine is some sort of territory off to the side of the "main" country.

❏ Yes, I have completed this activity.

❏ No, I have not completed this activity.

Биография пожилых россиян

Пожилые° россияне пережили много:
видели сталинизм, Вторую мировую
войну,° восход° Советского Союза как
сверхдержавы° и, наконец, крах°
коммунизма.

elderly

мирова́я война́ – *world war*

rise

superpower; crash

10-28. Марк Маркович Сегаль. С Марком Марковичем Сегалем вы уже знакомы. Теперь послушайте, что он рассказывает о своём детстве и юности. Read the information below, listen to the first segment of the video and fill in the blanks.

Географические названия:

Белору́ссия

Ви́тебск

Во́лга

грани́ца с По́льшей и Чехослова́кией

Да́льний Восто́к

Ленингра́д

Москва́

Тата́рская Респу́блика

1. Место рождения _____

2. Дата рождения Сегаля: число _____ месяц _____ год _____

3. Куда переехала семья через два года после рождения Марка?

   _____

4. Начало Второй мировой войны для Советского Союза:

   число _____ месяц _____ год _____

5. Где был Сегаль, когда началась война?

   _____

6. Что делал Марк Маркович во время войны?

    a. Учился.

    b. Воевал.°   **воева́ть (вою́ю, вою́ешь)** – *to do battle*

    c. Скрывался.°   **скрыва́ться/скры́ться** – *to be in hiding*

    d. Преподавал.

    e. Работал на заводе.

10-29. Дина Александровна Дардык. Что вы узнали о жене Марка Марковича Дине Александровне? Fill in the blanks.

1. Место рождения _____

2. Год рождения _____

3. Где жила Дина во время Второй мировой войны? _____

4. Какая профессия была у Дины Александровны?

    a. Такая же профессия, как у мужа.

    b. Такая же профессия, как у сестры.

    c. Такая же профессия, как у родителей.

    d. Такая же профессия, как у Ирины Николаевны.

5. Как Дина училась в институте?

    a. Отлично (5).

    b. Хорошо (4).

    c. Удовлетворительно (3).

    d. Неудовлетворительно (2).

    e. Провал (1).

6. Где Марк и Дина познакомились?

    a. В поезде.°   *train*

    b. На курорте.°   *resort*

    c. В гостинице.°   *hotel*

    d. В госпитале.°   *hospital*

7. И Марк Маркович, и Дина Александровна евреи.°

   еврей/ка – Jew

   В России и в Советском Союзе всегда был элемент антисемитизма.

   Дина Александровна сказала, что иногда на рынке дразнили°

   дразни́ть – to tease

   детей-евреев. Что ещё она сказала об антисемитизме

   во время° войны?

   во вре́мя *чего* – during something

   a. Евреям было очень плохо.

   b. Антисемитизма почти не было.

   c. Евреи воевали все четыре года.

   d. Антисемитизм всегда был и всегда будет.

10-30. Ирина Николаевна. Что вы узнали об Ирине Николаевне? Mark all correct answers.

   a. _____ Ирина Николаевна родилась далеко от Ленинграда.

   b. _____ Она приехала в Ленинград во время войны.

   c. _____ Её мама умерла во время войны.

   d. _____ У Ирины Николаевны была очень хорошая семья.

   e. _____ Ирина Николаевна училась в институте после войны.

10-31. Зоя Османовна Казакова. С Зоей Османовной вы познакомились несколько° недель назад. Вы уже знаете главные° факты её биографии. Сейчас послушайте подробности.° Select the correct answer to each question.

   several; main

   details

   1. Какое образование у Зои Османовны?

      a. Высшее: закончила институт после войны.

      b. Среднее: закончила школу до начала войны.

      c. Неполное°: не закончила девятый класс.

      непо́лный < по́лный – *full; complete*

   2. Что мы знаем о муже Зои Османовны?

      a. Был моряк. Служил° во флоте.

      служи́ть – *to serve*

      b. Был солдат. Служил в армии.

      c. Был лётчик. Служил в ВВС.°

      ВВС (вэ-вэ-э́с) – **вое́нно-возду́шные си́лы** – *air force*

      d. Был разведчик. Служил в НКВД.°

      НКВД – **наро́дный комиссариа́т вну́тренних дел** – *people's commissariat for internal affairs = Stalin's secret police*

3. Почему Зоя Османовна переехала в Ленинград?

   a. Она там получила работу.

   b. Её родители жили в Ленинграде.

   c. Она вышла замуж° за ленинградца.

   d. Она поступила в Ленинградский университет.

выходи́ть/вы́йти за́муж – to get married
(women only)

4. Сколько лет было Зое Османовне, когда она вышла на пенсию?

   a. 55   c. 75

   b. 58   d. 82

10-32. Николай Михайлович Сметанин.

Николай Сметанин родился на родине Ленина, в Ульяновской области.° А почему Сметанин говорит «родина° Ленина»? Дело в том, что° Владимир Ильич Ленин (настоящая° фамилия Ульянов) родился в Симбирске. После смерти° Ленина в 1924 году Симбирск был переименован° в Ульяновск в честь° первого советского вождя.°

region, area
homeland; де́ло в том, что … *– the thing is that …*
actual, real
death
renamed
в честь кого – *in honor of; leader*

Что ещё вы узнали о Н. М. Сметанине? Fill in the blank or select the correct answer or answers.

1. Дата рождения: число _____ месяц _____ год _____

2. Где он был во время Второй мировой войны?

   a. На Волге.   c. На Дальнем Востоке.

   b. В Ленинграде.   d. На границе° с Польшей.

   border

3. В каком году Сметанин вернулся° в Красногорск

   (Красногорск — пригород Москвы)? _____

   возвраща́ться/верну́ться – *to return*

4. Кто живёт в квартире вместе с Николаем Михайловичем? Select all that apply.

   a. _____ жена   e. _____ дочь

   b. _____ сын   f. _____ муж дочери

   c. _____ жена сына   g. _____ два внука

   d. _____ внучка

The spelling rules apply throughout the language with exceptions only in exotic foreign words. They account for the grammatical endings to be added to stems that end in velars (**г к х**) and hushing sounds (**ш щ ж ч ц**).

For words whose stem ends in one of these letters, do not worry about whether the stem is hard or soft. Rather, always attempt to add the *basic* ending, then apply the spelling rule if necessary.

Never break a spelling rule when adding endings to Russian verbs or nouns!

8-Letter Spelling Rule				
After the letters	**г к х**	**ш щ ж ч**	**ц**	do not write **-ю,** write **-у** instead do not write **-я,** write **-а** instead
7-Letter Spelling Rule				
After the letters	**г к х**	**ш щ ж ч**		do not write **-ы,** write **-и** instead
5-Letter Spelling Rule				
After the letters		**ш щ ж ч**	**ц**	do not write **unaccented -o,** write **-e** instead

USE

We see the spellings rules most often in these situations:

1. The 8-letter spelling rule is used in **и**-conjugation verbs.
2. The 7- and 5-letter spelling rules are used in the declension of modifiers and nouns.

Appendix B: Nouns and Modifiers

Hard Stems vs. Soft Stems

Every Russian noun and modifier has either a *hard* (nonpalatalized) or a *soft* (palatalized) stem. *When adding endings to hard-stem nouns and modifiers, always add the basic (hard) ending. When adding endings to soft-stem nouns and modifiers, always add the soft variant of the ending.*

However, if the stem of a modifier or noun ends in one of the velar sounds (г к х) or one of the hushing sounds (ш щ ж ч ц), do not worry about whether the stem is hard or soft. Rather, always attempt to add the *basic* ending, then apply the spelling rule if necessary (see Appendix A).

One can determine whether a noun or modifier stem is hard or soft by looking at the first letter in the word's ending. For the purposes of this discussion, й and ь are considered to be endings.

Hard Stems	Soft Stems
Have one of these letters or nothing as the first letter in the ending:	Have one of these letters as the first letter in the ending:
а	я
(э)* о	е ё
у	ю
ы	и
no vowel (Ø)	ь й

*The letter э does not play a role in grammatical endings in Russian. In grammatical endings, the soft variants of о are ё (when accented) and е (when not accented).

Note on declensional order: These tables follow the traditional Russian declensional order, which is second nature to any Russian schoolchild. In each chart we have included the declension questions **что** = *what* and **кто** = *who,* which in each of the cases "trigger" the correct case. For example, the dative of the question word **кому́** = *who* requires an animate noun in the dative.

To Russian ears, the prepositional case requires one of four preceding prepositions. *Голоса* presents three of these: **о (об), в,** and **на.** (That explains why it is so named.) Russian grammar books use **о (об)** as the default preposition. We have done the same, but for reasons of space, we have included **о** and **об** only in tables covering nouns.

Nouns

Masculine Singular				
		HARD	**SOFT**	
N	*что, кто*	стол ∅	преподава́тель	музе́й
G	*чего́, кого́*	стола́	преподава́теля	музе́я
D	*чему́, кому́*	столу́	преподава́телю	музе́ю
A	*что, кого́*	Inanimate like nominative; animate like genitive		
		стол ∅	музе́й	
		студе́нт**а**	преподава́теля	
I	*чем, кем*	столо́**м**[1]	преподава́телем[2]	музе́ем
P	*о чём, о ком*	о столе́	о преподава́теле	о музе́е о кафете́рии[3]

1. The 5-letter spelling rule requires **е** instead of **о** in unstressed position after **ц, ж, ч, ш,** and **щ:** for example, **отцо́м** but **америка́нцем.**
2. When stressed, the soft instrumental ending is **-ём:** секретарём, Кремлём.
3. Prepositional case does not permit nouns ending in **-ие.** Use **-ии** instead.

Masculine Plural

		HARD	SOFT	
N	*что, кто*	столы́[1]	преподава́тели	музе́и
G	*чего́, кого́*	столо́в[2]	преподава́телей	музе́ев
D	*чему́, кому́*	стола́м	преподава́телям	музе́ям
A	*что, кого́*	Inanimate like nominative; animate like genitive		
		столы́[1]	музе́и	
		студе́нтов	преподава́телей	
I	*чем, кем*	стола́ми	преподава́телями	музе́ями
P	*о чём, о ком*	стола́х	преподава́телях	музе́ях

1. The 7-letter spelling rule requires **и** after **к, г, х, ж, ч, ш,** and **щ**: па́рки, гаражи́, карандаши́, etc.
2. The 5-letter spelling rule requires **е** instead of **о** in unstressed position after **ц, ж, ч, ш,** and **щ**: for example, **отцо́м** but **америка́нцем.** In addition, in the genitive plural, words ending in hushing sounds **ж, ч, ш,** and **щ** take **-ей:** этаже́й, враче́й, плаще́й, etc.

Feminine Singular

		HARD	SOFT -я	SOFT . . . ия	SOFT -ь
N	*что, кто*	газе́та	неде́ля	пе́нсия	дверь
G	*чего́, кого́*	газе́ты[1]	неде́ли	пе́нсии	две́ри
D	*чему́, кому́*	газе́те	неде́ле	пе́нсии[2]	две́ри
A	*что, кого́*	газе́ту	неде́лю	пе́нсию	дверь
I	*чем, кем*	газе́той	неде́лей[3]	пе́нсией	две́рью
P	*о чём, о ком*	о газе́те	о неде́ле	о пе́нсии[2]	о две́ри

1. The 7-letter spelling rule requires **и** after **к, г, х, ж, ч, ш,** and **щ**: кни́ги, студе́нтки, ру́чки, etc.
2. Dative and prepositional case forms do not permit nouns ending in **-ие.** Use **-ии** instead.
3. When stressed, the soft instrumental ending is **-ёй:** семьёй.

Feminine Plural

		HARD	SOFT -я	SOFT . . . ия	SOFT -ь
N	что, кто	газе́ты[1]	неде́ли	пе́нсии	две́ри
G	чего́, кого́	газе́т ∅	неде́ль	пе́нсий	двере́й
D	чему́, кому́	газе́там	неде́лям	пе́нсиям	дверя́м
A	что, кого́	Inanimate like nominative; animate like genitive			
		газе́ты[1]			
		жён ∅	неде́ли	пе́нсии	две́ри
I	чем, кем	газе́тами	неде́лями	пе́нсиями	дверя́ми дверьми́[2]
P	о чём, о ком	о газе́тах	о неде́лях	о пе́нсиях	о дверя́х

1. The 7-letter spelling rule requires **и** after **к, г, х, ж, ч, ш,** and **щ: кни́ги, студе́нтки, ру́чки,** etc.
2. This form is less conversational.

Neuter Singular

		HARD	SOFT -e	SOFT . . . ие
N	что	окно́	мо́ре	общежи́тие
G	чего́	окна́	мо́ря	общежи́тия
D	чему́	окну́	мо́рю	общежи́тию
A	что	окно́	мо́ре	общежи́тие
I	чем	окно́м	мо́рем	общежи́тием
P	о чём	об окне́	о мо́ре	об общежи́тии[1]

1. Prepositional case forms do not permit nouns ending in **-ие.** Use **-ии** instead.

Neuter Plural

		HARD	SOFT -e	SOFT . . . ие
N	что	о́кна[1]	моря́[1]	общежи́тия
G	чего́	о́к(о)н ∅	море́й	общежи́тий
D	чему́	о́кнам	моря́м	общежи́тиям
A	что	о́кна	моря́	общежи́тия
I	чем	о́кнами	моря́ми	общежи́тиями
P	о чём	об о́кнах	о моря́х	об общежи́тиях

1. Stress in neuter nouns consisting of two syllables almost always shifts in the plural: **окно́ → о́кна**; **мо́ре → моря́.**

Irregular Nouns

Singular					
N	что, кто	и́мя	вре́мя	мать	дочь
G	чего́, кого́	и́мени	вре́мени	ма́тери	до́чери
D	чему́, кому́	и́мени	вре́мени	ма́тери	до́чери
A	что, кого́	и́мя	вре́мя	мать	дочь
I	чем, кем	и́менем	вре́менем	ма́терью	до́черью
P	о чём, о ком	об и́мени	о вре́мени	о ма́тери	о до́чери

Plural

N	что, кто	имена́	времена́	ма́тери	до́чери
G	чего́, кого́	имён	времён	матере́й	дочере́й
D	чему́, кому́	имена́м	времена́м	матеря́м	дочеря́м
A	что, кого́	имена́	времена́	матере́й	дочере́й
I	чем, кем	имена́ми	времена́ми	матеря́ми	дочеря́ми дочерьми́
P	о чём, о ком	об имена́х	о времена́х	о матеря́х	о дочеря́х

Nouns with Irregular Plurals

N	кто	друг друзья́	сосе́д сосе́ди	сын сыновья́	брат бра́тья	сестра́ сёстры
G	кого́	друзе́й	сосе́дей	сынове́й	бра́тьев	сестёр
D	кому́	друзья́м	сосе́дям	сыновья́м	бра́тьям	сёстрам
A	кого́	друзе́й	сосе́дей	сынове́й	бра́тьев	сестёр
I	кем	друзья́ми	сосе́дями	сыновья́ми	бра́тьями	сёстрами
P	о ком	о друзья́х	о сосе́дях	о сыновья́х	о бра́тьях	о сёстрах

Declension of Adjectives

Hard-Stem Adjectives

		MASCULINE, NEUTER		FEMININE	PLURAL
N	что, кто	но́вый молодо́й[1]	но́вое молодо́е	но́вая	но́вые
G	чего́, кого́	но́вого		но́вой	но́вых
D	чему́, кому́	но́вому		но́вой	но́вым
A	что, кого́	Modifying inan. noun—like nom.; animate noun—like gen.		но́вую	Modifying inan. noun—like nom.; animate noun—like gen.
I	чем, кем	но́вым		но́вой	но́выми
P	о чём, о ком	но́вом		но́вой	но́вых

1. Adjectives with stress on the ending use **-ой,** not **-ый/-ий,** in nominative.

Soft-Stem Adjectives

		MASCULINE, NEUTER		FEMININE	PLURAL
N	что, кто	си́ний	си́нее	си́няя	си́ние
G	чего́, кого́	си́него		си́ней	си́них
D	чему́, кому́	си́нему		си́ней	си́ним
A	что, кого́	Modifying inan. noun—like nom.; animate noun—like gen.		си́нюю	Modifying inan. noun—like nom.; animate noun—like gen.
I	чем, кем	си́ним		си́ней	си́ними
P	о чём, о ком	си́нем		си́ней	си́них

Adjectives Involving the 5- and 7-Letter Spelling Rules

Superscripts indicate which rule is involved.

		MASCULINE, NEUTER		FEMININE	PLURAL
N	что, кто	хоро́ший[7]	хоро́шее[5]	хоро́шая	хоро́шие[7]
		большо́й	большо́е	больша́я	больши́е[7]
		ру́сский[7]	ру́сское	ру́сская	ру́сские[7]
G	чего́, кого́	хоро́шего[5]		хоро́шей[5]	хоро́ших[7]
		большо́го		большо́й	больши́х[7]
		ру́сского		ру́сской	ру́сских[7]
D	чему́, кому́	хоро́шему[5]		хоро́шей[5]	хоро́шим[7]
		большо́му		большо́й	больши́м[7]
		ру́сскому		ру́сской	ру́сским[7]
A	что, кого́	Modifying inan. noun—like nom.; animate noun—like gen.		хоро́шую большу́ю ру́сскую	Modifying inan. noun—like nom.; animate noun—like gen.
I	чем, кем	хоро́шим[7]		хоро́шей[5]	хоро́шими[7]
		больши́м[7]		большо́й	больши́ми[7]
		ру́сским[7]		ру́сской	ру́сскими[7]
P	о чём, о ком	хоро́шем[5]		хоро́шей[5]	хоро́ших[7]
		большо́м		большо́й	больши́х[7]
		ру́сском		ру́сской	ру́сских[7]

Special Modifiers

		MASC., NEUT.		FEM.	PLURAL
N	что, кто	мой	моё	моя́	мои́
G	чего́, кого́	моего́		мое́й	мои́х
D	чему́, кому́	моему́		мое́й	мои́м
A	что, кого́	inan. like nom. anim. like gen.		мою́	inan. like nom. anim. like gen.
I	чем, кем	мои́м		мое́й	мои́ми
P	о чём, о ком	моём		мое́й	мои́х

	MASC., NEUT.		FEM.	PLURAL
твой	твоё	твоя́	твои́
твоего́		твое́й	твои́х
твоему́		твое́й	твои́м
inan. like nom. anim. like gen.		твою́	inan. like nom. anim. like gen.
твои́м		твое́й	твои́ми
твоём		твое́й	твои́х

		MASC., NEUTER		FEM.	PLURAL
N	*что, кто*	наш	на́ше	на́ша	на́ши
G	*чего́, кого́*	на́шего		на́шей	на́ших
D	*чему́, кому́*	на́шему		на́шей	на́шим
A	*что, кого́*	inan. like nom. anim. like gen.		на́шу	inan. like nom. anim. like gen.
I	*чем, кем*	на́шим		на́шей	на́шими
P	*о чём, о ком*	на́шем		на́шей	на́ших

		MASC., NEUTER		FEM.	PLURAL
		ваш	ва́ше	ва́ша	ва́ши
		ва́шего		ва́шей	ва́ших
		ва́шему		ва́шей	ва́шим
		inan. like nom. anim. like gen.		ва́шу	inan. like nom. anim. like gen.
		ва́шим		ва́шей	ва́шими
		ва́шем		ва́шей	ва́ших

		MASC., NEUTER		FEM.	PLURAL
N	*что, кто*	чей	чьё	чья	чьи
G	*чего́, кого́*	чьего́		чьей	чьих
D	*чему́, кому́*	чьему́		чьей	чьим
A	*что, кого́*	inan. like nom. anim. like gen.		чью	inan. like nom. anim. like gen.
I	*чем, кем*	чьим		чьей	чьи́ми
P	*о чём, о ком*	чьём		чьей	чьих .

		MASC., NEUTER		FEM.	PLURAL
N	*что, кто*	э́тот	э́то	э́та	э́ти
G	*чего́, кого́*	э́того		э́той	э́тих
D	*чему́, кому́*	э́тому		э́той	э́тим
A	*что, кого́*	inan. like nom. anim. like gen.		э́ту	inan. like nom. anim. like gen.
I	*чем, кем*	э́тим		э́той	э́тими
P	*о чём, о ком*	э́том		э́той	э́тих

MASC., NEUTER		FEM.	PLURAL
весь	всё	вся	все
всего́		всей	всех
всему́		всей	всем
inan. like nom. anim. like gen.		всю	inan. like nom. anim. like gen.
всем		всей	все́ми
всём		всей	всех

	MASC., NEUTER	FEM.	PLURAL		MASC., NEUTER	FEM.	PLURAL
N	*что, кто*	оди́н одно́	одна́	одни́		тре́тий тре́тье	тре́тья	тре́тьи
G	*чего́, кого́*	одного́	одно́й	одни́х		тре́тьего	тре́тьей	тре́тьих
D	*чему́, кому́*	одному́	одно́й	одни́м		тре́тьему	тре́тьей	тре́тьим
A	*что, кого́*	inan. like nom. anim. like gen.	одну́	inan. like nom. anim. like gen.		inan. like nom. anim. like gen.	тре́тью	inan. like nom. anim. like gen.
I	*чем, кем*	одни́м	одно́й	одни́ми		тре́тьим	тре́тьей	тре́тьими
P	*о чём, о ком*	одно́м	одно́й	одни́х		тре́тьем	тре́тьей	тре́тьих

Personal Pronouns[1]

N	кто	что	я	ты	мы	вы	он, оно́	она́	они́
G	кого́	чего́	меня́	тебя́	нас	вас	(н)его́	(н)её	(н)их
D	кому́	чему́	мне	тебе́	нам	вам	(н)ему́	(н)ей	(н)им
A	кого́	что	меня́	тебя́	нас	вас	(н)его́	(н)её	(н)их
I	кем	чем	мной	тобо́й	на́ми	ва́ми	(н)им	(н)ей	(н)и́ми
P	ком	чём	мне	тебе́	нас	вас	нём	ней	них

1. Forms for **он, она́, оно́,** and **они́** take an initial **н** if preceded by a preposition. For example, in the genitive case, the initial **н** is required in the sentence:

   У неё есть кни́га.

   But not in the sentence:

   Её здесь нет.

Appendix D: Numerals

Cardinal (one, two, three)

1	оди́н, одна́, одно́
2	два, две
3	три
4	четы́ре
5	пять
6	шесть
7	семь
8	во́семь
9	де́вять
10	де́сять
11	оди́ннадцать
12	двена́дцать
13	трина́дцать
14	четы́рнадцать
15	пятна́дцать
16	шестна́дцать
17	семна́дцать
18	восемна́дцать
19	девятна́дцать
20	два́дцать
21	два́дцать оди́н
30	три́дцать
40	со́рок
50	пятьдеся́т
60	шестьдеся́т
70	се́мьдесят
80	во́семьдесят
90	девяно́сто
100	сто
200	две́сти
300	три́ста
400	четы́реста
500	пятьсо́т
600	шестьсо́т
700	семьсо́т
800	восемьсо́т
900	девятьсо́т
1000	ты́сяча
2000	две ты́сячи
5000	пять ты́сяч

Ordinal (first, second, third)

пе́рвый
второ́й
тре́тий
четвёртый
пя́тый
шесто́й
седьмо́й
восьмо́й
девя́тый
деся́тый
оди́ннадцатый
двена́дцатый
трина́дцатый
четы́рнадцатый
пятна́дцатый
шестна́дцатый
семна́дцатый
восемна́дцатый
девятна́дцатый
двадца́тый
два́дцать пе́рвый
тридца́тый
сороково́й
пятидеся́тый (пятьдеся́т пе́рвый)
шестидеся́тый (шестьдеся́т пе́рвый)
семидеся́тый (се́мьдесят пе́рвый)
восьмидеся́тый (во́семьдесят пе́рвый)
девяно́стый (девяно́сто пе́рвый)
со́тый

Collectives

дво́е, тро́е, че́тверо (*apply to children in a family; see Unit 7, Section 4, specifying quantity*)

Appendix E: Russian Alphabet—Cursive and Italic

The Russian script alphabet is given below. ***Russians do not print when writing by hand! Script is universal***. For this reason, you must learn to read and write script.

Аа	*Аа*	*Аа*	Uppercase cursive **A** is not a.
Бб	*Бб*	*Бб*	$д$ and $б$ are the only tall lowercase cursive letters.
Вв	*Вв*	*Вв*	
Гг	*Гг*	*Гг*	$г$ is rounded. Squared-off corners result in $ч$ (**ч**).
Дд	*Дд*	*Дg*	Do not confuse g (**д**) and $г$ (**г**).
Ее	*Ее*	*Ее*	
Ёё	*Ёё*	*Ёё*	In most printed texts, the two dots are omitted.
Жж	*Жж*	*Жж*	
Зз	*Зз*	*Зз*	Do not confuse $з$ (**з**) and $э$ (**э**).
Ии	*Ии*	*Ии*	Bring u down to the baseline (not U).
Йй	*Йй*	*Йй*	
Кк	*Кк*	*Кк*	Lowercase $к$ is small, not tall.
Лл	*Лл*	*Лл*	Begins with a hook.
Мм	*Мм*	*Мм*	Begins with a hook. Do not confuse $м$ (**м**) and $т$ (**т**).
Нн	*Нн*	*Нн*	Do not confuse $н$ (**н**) and $п$ (**п**).
Оо	*Оо*	*Оо*	
Пп	*Пп*	*Пп*	Do not confuse $п$ (**п**) and $н$ (**н**).
Рр	*Рр*	*Рр*	
Сс	*Сс*	*Сс*	
Тт	*Тт*	*Тт*	Do not confuse $т$ (**т**) and $м$ (**м**).
Уу	*Уу*	*Уу*	Uppercase $У$ does not dip below the line.
Фф	*Фф*	*Фф*	
Хх	*Хх*	*Хх*	
Цц	*Цц*	*Цц*	
Чч	*Чч*	*Чч*	$ч$ is squared off. Rounded corners result in $г$ (**г**).
Шш	*Шш*	*Шш*	Do not confuse Russian $ш$ and English $ω$.
Щщ	*Щщ*	*Щщ*	
Ъъ	*Ъъ*	*ъ*	Like a small *seven* merged with a *six*, not like a tall *b*.
Ыы	*Ыы*	*ы*	Since **ъ**, **ы**, and **ь** never begin a word, there is no uppercase cursive version for any of these letters.
Ьь	*Ьь*	*ь*	Like a small *six*, not like a tall *b*.
Ээ	*Ээ*	*Ээ*	Do not confuse $э$ (**э**) and $з$ (**з**).
Юю	*Юю*	*Юю*	
Яя	*Яя*	*Яя*	Begins with a hook.

ДЛЯ ЗАМЕТОК

ДЛЯ ЗАМЕТОК

ДЛЯ ЗАМЕТОК

ДЛЯ ЗАМЕТОК

ДЛЯ ЗАМЕТОК

ДЛЯ ЗАМЕТОК

ДЛЯ ЗАМЕТОК